知的生きかた文庫

インターネットで儲ける週末副業術

水野基義

JN266102

三笠書房

●本書使用ソフトウェアのバージョンについて
Windows XP Professional Edition SP1（メモ帳5.1）
Microsoft Internet Explorer 6.02
Microsoft Office 2000(Microsoft Word Version 2000，Microsoft FrontPage Version 2000
Macromedia Fireworks MX 2004

●登録商標について
Microsoft、MS、Windows、Internet Explorer、Outlook Expressは、Microsoft Corporationの米国およびその他の国における登録商標です。その他、本文中の会社名、製品名は一般に各社の商標または登録商標です。
なお本文中にはTMおよび®マークは明記していません。

本文組版 ── シーシーエス・疋田晋吾　編集協力 ── 二村高史

はじめに

余すことなく公開！「効率的に儲ける人たち」のノウハウ

「年収三〇〇万円時代」――この言葉が流行語ではなく、現実味を帯びてきている。

このような時代を生き抜くためにも、またすこしでも豊かな生活を楽しむためにも、副業でお金を稼いでおきたい――。ただ、副業することで、本業に支障をきたしたり、面倒な作業をすることは避けたい――。

昨今、「副業」に対する関心が、にわかに高まっているのもそのためだろう。

本書は、そのような「効率的に儲けたい人たち」を満足させる一冊であると、確信している。

一日に一時間でも余裕があれば、確実に副業でお金を稼げるのである。これまではダラダラと過ごしていた、週末の数時間を有効利用するだけで、うまくいけば年収を五〇〇万円以上アップさせることも可能なのだ。

ただ、最初にお断りしておくが、本書では、「副業」を「インターネット副業」に限定している。

なぜか——。

日本のインターネットの世帯普及率は、今や九割近くにのぼる。これを利用すれば、せいぜい一〇万円程度の追加投資で、副業を始めることができるからだ。たとえ、新たにパソコンを買うにしても、本物の店舗を借りるより、はるかにリスクが少なくてすむ。また、インターネット副業であれば、仕事の手段として、メールがあれば十分に事足りる。インターネットを利用すれば、自宅にいながらにして、日本中、いや世界中を相手に商売ができるわけだ。

しかも、個人のインターネット副業をバックアップする体制、ツールも整ってきている。今や、インターネット通販は、けっして専門家だけのものではない。週末と週日に数時間ほどの余裕があれば、誰にでも簡単に開設・運営できるものなのである。

逆に、インターネットを使わない副業は、儲けやリスク、さらには時間的な拘束といったことを考えた場合、割に合わないのだ。本書で、「副業」を「インターネット副業」に限定し、その成功法を伝授する理由はここにある。

私は、ITコンサルタント、事業インキュベーターとして、これまで、大手企業から個人事業まで、数多くのIT事業やホームページ立ち上げに関わってきた。また、インターネット副業に関しても、多くのビジネスマンや主婦の方たちにアドバイスをしてきた。当然のことではあるが、インターネット副業を始めれば、誰もが成功するというものではない。

これまで、多くの人を見てきて、インターネット副業で成功できる人と成功できない人の差は、二つの違いに集約されることがわかってきた。

まず、一つは、副業を開始、展開するにあたって、ポイントとなる箇所で細かいノウハウを会得しているかどうか、という違い。商材の選び方はもちろんのこと、メールの書き方、さらには、懸賞キャンペーンのやり方、セット商品の作り方……このようなささいなことで、どれだけ細かいノウハウを知っているかで「儲ける金額のケタ」が違ってくるのである。本書では、私が実際に試して、成功したノウハウの数々を惜しみなく公開している。

もう一つの違いは、お客様に対する誠意であろう。そして、この誠意は「自分が副業でどれだけ成功したいか」といった情熱の延長線上にある。

この二つのほかに、あえて成功するための条件をあげるとすれば、それは過去の成功者のノウハウを効率よく習得することだろう。無駄な苦労をしないこと、それが成功への近道である。本書はまさにそのためにあるといっていいだろう。

これ以外に、「インターネット副業」で成功と失敗を分けるものはない。

年齢も性別も本業も関係ない。

現在、私は自分でもインターネットの人気ショップ「中国茶専門店Ｐａｎｄ＠Ｌｅａｆ（以下『パンダリーフ』）」を立ち上げ、年商一億円弱の実績を持っている。そのなかで私が培ってきた「インターネット副業の成功ノウハウ」を、余すことなく公開したのがこの本である。

「通販といっても、何をどうやって売ればいいのかわからない……」「自分にはＩＴの知識がない……」という人もまったく心配はいらない。実際に成功する前は、私も同様の不安を抱いていたからだ。

「インターネット副業」で成功するノウハウは、すべてこの本の中にある。

水野基義

『インターネットで儲ける週末副業術』

◆もくじ◆

1 私の成功体験から教えられる「これだけのこと」

② 週末副業で儲けている人が実践する「成功のコツ」

2 「儲かるテンプレート」全部公開します！

③ ゴミが「宝の山」に！　オークションで儲ける「週末副業術」

4 月収50＋α万円!? ネット通販で儲ける「週末副業術」

5 月数千円から十数万円まで――週末に「情報を売る」！

6 トラブルをゼロにする！ インターネット副業「法律の常識」

扉・本文イラスト――長谷川貴子

1 私の成功体験から教えられる「これだけのこと」

1 副業を始める前に「これだけ」は絶対におさえておく！

「儲かるための実践的な方法」――素人同然の私が、なぜ成功したか？

「副業をしたい」「金を儲けたい」――そう考えている人のために、私はこの本で具体的な金儲けの方法を紹介したい。

サラリーマンの副業については、これまでも多くの本が出版されてきたが、この本には類書と違う大きな特徴が二つある。

その一つは、本書には「儲かるための実践的な方法」が詰め込まれていることだ。意外なことのようだが、これが詰め込まれていない類書がじつに多いのである。たしかに、書店に行くと「副業で儲ける」「週末起業をしよう」といった類の本が山積みされている。しかし、金儲けのテクニックを期待して、そのような本を手にとると、がっかりすることになる。

というのも、そこに書かれているのは、抽象的な理念や精神論、一部の成功者のレアケースばかりで、肝心の「どうやって事業を進めれば儲かるのか」「儲けるためには、どのようなテクニックが必要なのか」といった、具体的な方法論が書かれていないからだ。

これでは、これから「副業をしたい」「金を儲けたい」という人に役立つはずがない。そこで本書では、具体的な金儲けのテクニックを取り上げ、成功に至る実践的な手順を紹介することに心を砕いたわけである。

そして、本書の二つめの特徴は、私自身の体験から生まれたノウハウが詰まっている点だ。

これも意外なことだが、「副業本」「インターネット通販本」の著者の中には、さほど成功しているわけでもない人が少なくないのである。そもそも、インターネット事業で大儲けしていない人に、金儲けのノウハウが書けるわけがない。

このことが、これまでこの手の本を目にしたときの、私の大きな不満であった。自慢するわけではないが、私にはそれなりの成功体験がある。

二〇〇〇年に、私は友人二人とともにインターネット通販事業（中国茶事業パンダリーフ）を立ち上げ、わずか一年で資本金一七〇〇万円、年商一億円弱のビジネスにまで成長させた。しかも、私たちスタッフは、この事業を立ち上げる前は中国茶については素人同然、ほとんど何も知らなかったのである。

通販事業の他に、私はWEBコンサルタント、ITビジネスインキュベーターして、大手中小問わず、様々な企業のネットビジネス創業に関わってきた。

いずれにせよ、本書では、これらの体験をもとに、成功までのノウハウを包み隠さずに紹介しようと考えている。

本書には、むずかしいことは一切書いていない。素人の方がインターネット副業を始めて、儲けるには、サイトの制作、仕入れ、販促、顧客管理など、要所要所のポイントで、本書で紹介する「成功ノウハウ」を押さえればいいのである。

たとえば、客単価を高くしたい場合であれば、「六〇〇〇円以上ご購入の方は送料無料」といったキャンペーンを行なう。そうすれば、「客単価六〇〇〇円以上のお客様」は競合店ではなく、よりメリット感のある、あなたのサイトから購入するはずだ。

もちろん、あなた自身の努力も必要だが、本書で紹介した手順にしたがって、一つひとつステップを踏んで実践すれば、誰でも確実に金儲けができるはずだ。

サラリーマンや主婦の副業であっても、事業を始めるということは、「金儲けという名の激しい戦場」に赴くことである。戦場には手ぶらで向かうわけにはいかない。戦うには武器が必要である。

本書で紹介する具体的・実践的なノウハウは、必ずや金儲けという戦場で役に立つ強力な武器となることだろう。

儲かる副業は、なぜ「インターネット＋個人事業」なのか

ひと口に「サラリーマンの副業」といっても、その内容は様々である。

本業が終わってから、コンビニでアルバイト店員をしている人がいるかと思えば、副業とはいっても、実際に会社組織を作って商品を輸出入する本格的な事業を営んでいる人もいる。

ただ、儲けやリスクを考えた場合、やはり主流となっている「インターネットを利用した個人事業」を副業とすることを私はお勧めする。

というのも、これから副業を始める人にとって、「インターネットを利用すること」と、「個人事業を運営すること」のそれぞれに、大きなメリットがあるからだ。

「インターネットを利用する」メリットは、次の二点である。

一点は、ローコストでビジネスが開始できること。実際の店舗を開くには、何百万あるいは何千万円という金が必要になるが、インターネットならば、パソコンと数万円程度（もっと安いものもある）のソフトがあれば、すぐにインターネットショップが開けるのだ。

もう一点は、事業を簡単に始められるだけでなく、事業をやめるのも容易であるということ。だから、事業がうまくいかなくても、借金が雪だるま式に増えて身動きがとれなくなるという心配はまずない。別の事業に鞍替えすることも簡単だ。

一方、私が「個人事業を運営すること」を勧める理由は三つある。

第一に、アルバイトをしたり、会社組織を作るのとは違って、自分が中心になるわけだから、時間の自由が利くということ。自分のペースで仕事を進めることができるわけだ。

第二の理由は、利益がそのまま自分のものになるということ。いつもほぼ一定額の給料しかもらえない会社員に比べて、成功したときの報酬は大きい。努力が大きく報われる可能性があるのだ。

第三は、事業開始の手続きや所得の申告に手がかからないという点。これは、会社組織にする場合との比較だ。法人化してしまうと、こういった手続きが煩雑になってしまう。とても、副業ではやっていけないレベルだ。あくまでも副業で始めるのであれば、個人事業がベストといっていいだろう。

「楽して儲かる」から「確実に儲かる」に、発想を変える！

「この本を読めば確実に儲かる」と私は書いた。

しかし、金を儲けるためには、それなりの努力やリスクが必要だ。「確実に儲かる」ということは「寝ながら儲かる」とか「楽して儲かる」ということと同義ではない。

ところが、従来の「副業で儲ける」本をめくってみると、驚いたことに、「インターネットを利用すれば、リスクなしに誰でも楽に成功できる」などと書かれている。

はたして、それは本当だろうか。

いくらなんでも、そんなにウマい話はない。

たしかに、目先が利く人で、運がよければ「ローリスク・ハイリターン」の仕事にめぐりあうことがあるかもしれない。

しかし、考えてみてほしい。今のご時世、世間がそんなウマみのある仕事を長いあいだ放っておいてくれるだろうか。それほど世の中は甘くない。〝おいしいビジネス〟には必ずすでに参入者がいるものだ。しかも、新規参入者もゾロゾロと現れる。

競争が激化すれば、当然のことながら顧客が減って価格が下落する。リスクは増大してリターンは減少しまうわけだ。こうして、すべてのビジネスは「ミドルリスク・ミドルリターン」に帰着する。

つまり、「楽して儲かる＝ローリスク・ハイリターン」というビジネスは、たとえあったとしても長続きすることはありえないのである。

だから、「楽して儲ける」「ローリスク・ハイリターン」と銘打った本は、読者に甘い夢を見せて、本の売上を伸ばそうという無責任なものといってもよい。実際にありえないことを前提としているのだから、その内容はまったく役に立たないのは当然である。

「確実に儲かる」発想をしよう

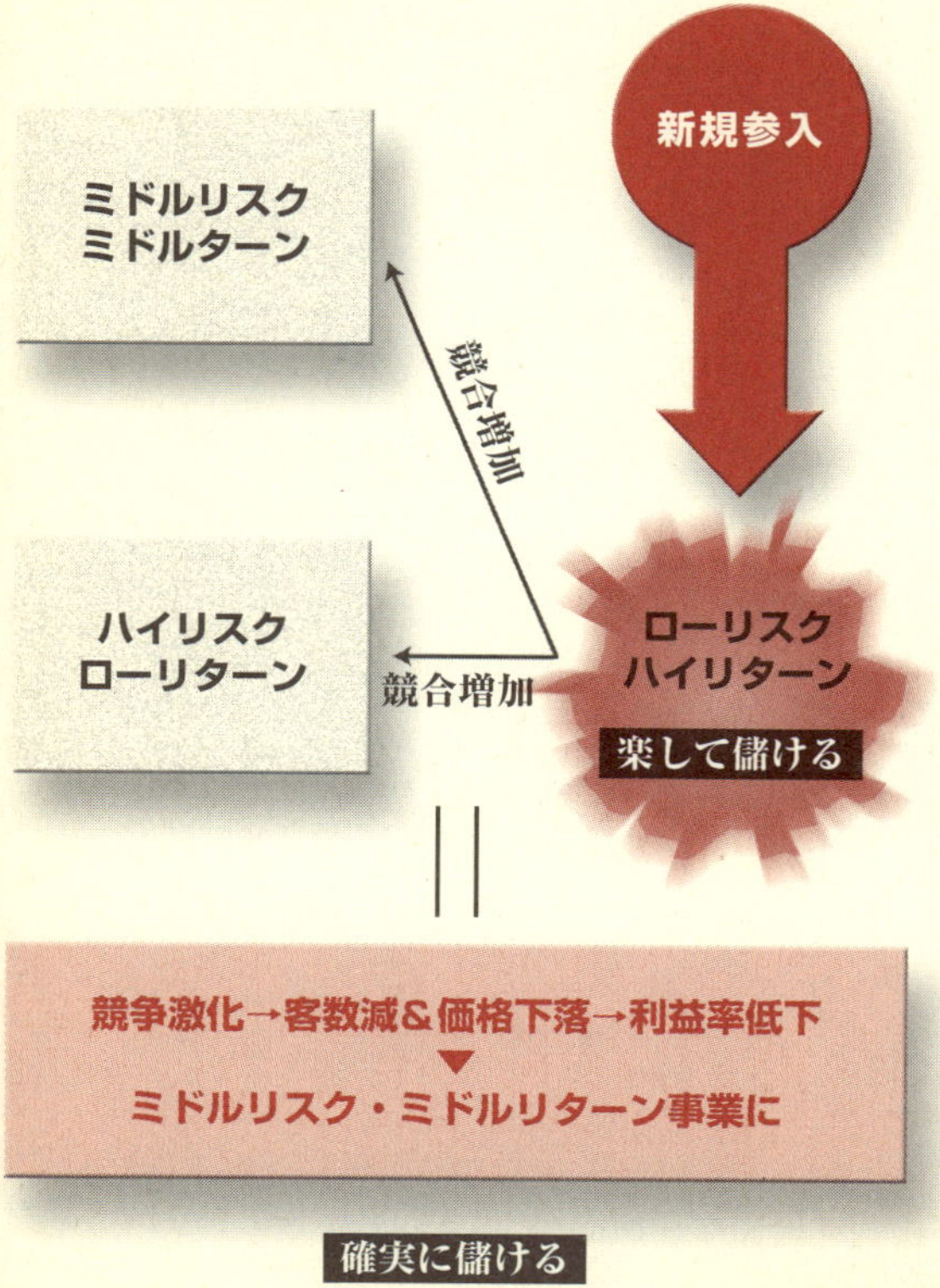

私は、あえてそういった甘い言葉は書かない。

しかし、これだけはいえる。

「楽して儲ける」のはむずかしいが、ある程度の手間と費用を惜しまなければ、確実にインターネット副業で儲けることは可能なのである。

そう、私がこれから書くのは「楽して儲かる」方法ではなく、「確実に儲かる」方法なのだ。

「確実に儲かる」といっても、しっかりとした心構えと準備は必要だ。「しょせん副業だから」などとなめてかかってはいけない。

どんな事業であれ、それを本業としているプロフェッショナルがいる。そうした手強いライバルたちに対して、小資本（小資金・小労働力）で戦い抜くには、それなりの戦略とともに、小資本の枠内で本業以上に努力することが求められる。

最初に「ネットビジネスの現状」を頭に叩き込んでおこう

たしかに、数年前のネットビジネス界であれば、いわば白地図のようなものだった

「儲かる」業態・業種とは？

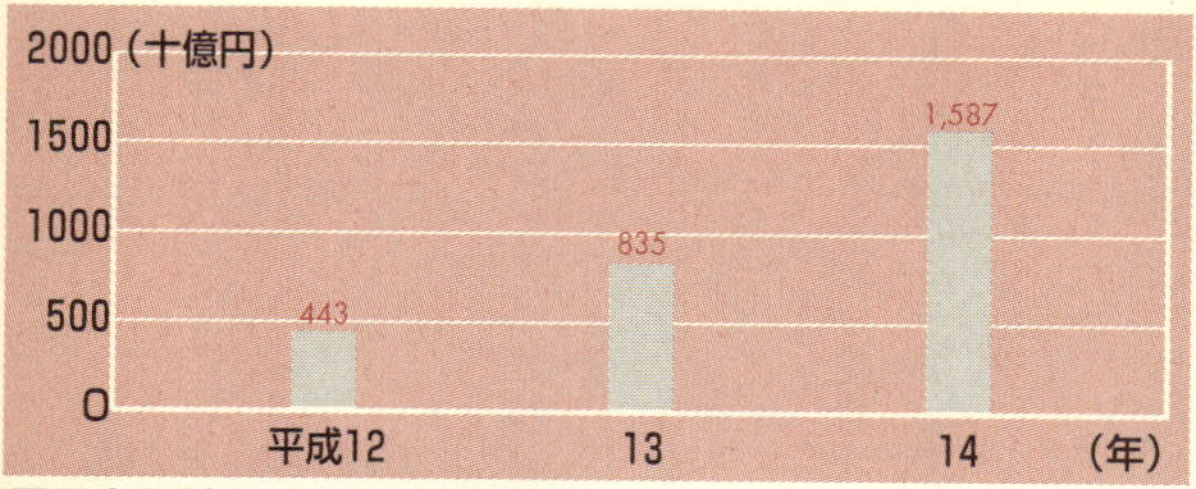

電子商取引（B2C）市場の推移　平成15年『情報通信白書』

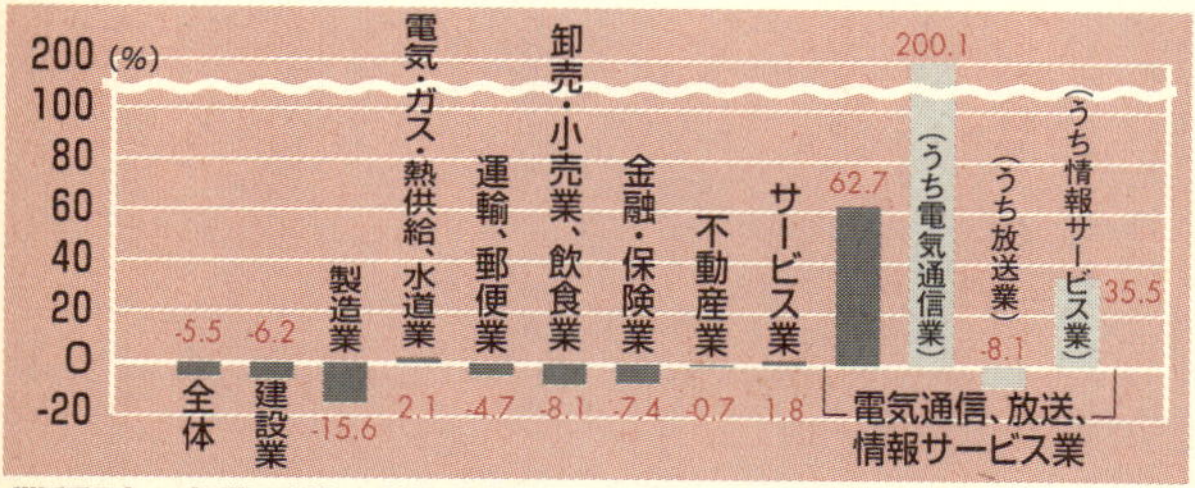

業種別の事業所数の増減率（平成8年と13年の比較）平成15年『情報通信白書』

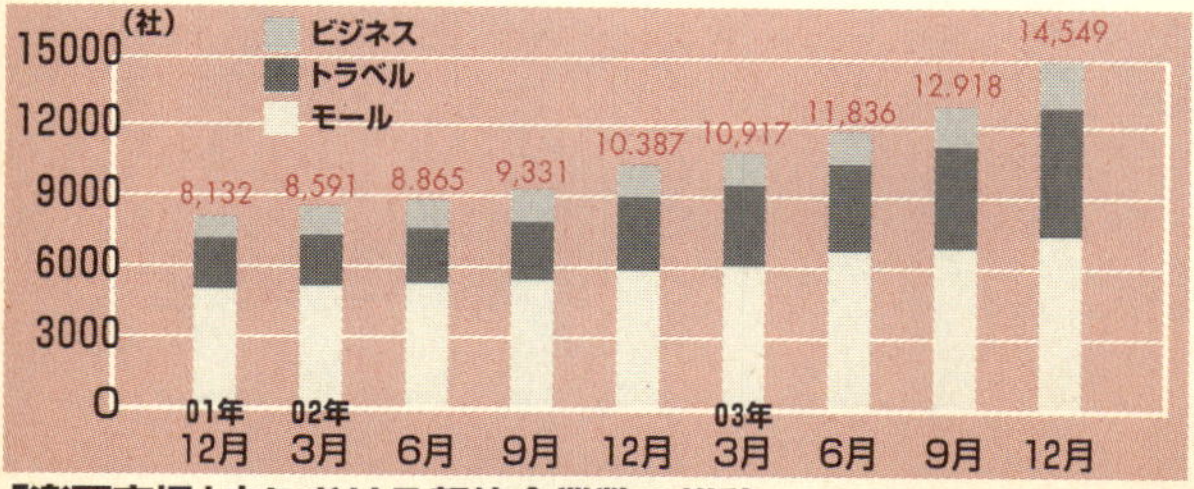

「楽天市場」内における契約企業数の推移　「楽天市場」ホームページより

ので、誰もが先駆者となりえた。しかし、インターネットを利用した事業（以下、ネット事業）は、新規の参入者があとを絶たず、市場規模は増大を続ける一方だ。今や地図上の空白はかなりの部分が埋めつくされ、新たに個人が参入できそうな空白部分はあまり残されていないのが現状だ。

27ページの上の図を見てほしい。B2C（企業対一般消費者の取り引き）の市場は年々倍増を続けている。また、下の図を見れば、ここ五年の事業所数が、ほとんどの業種で軒並みマイナスか横ばいを記録しているのに対して、電気通信業と情報サービス業だけが大幅な増加を示していることがわかる。

二〇〇〇年のネットバブル崩壊という荒波にも負けずに、ネット事業は増えつづけているのである。

ここまで参入者が増えたということは、裏を返せばこれからの新規参入はそれだけむずかしくなるということでもある。

ネット事業全般を見渡すと、かつては、個人でレンタルサーバやウェブ制作を事業化することも容易だった。通販モールを立ち上げる者もいた。まさに、白地図に絵を描いていった時代である。

しかし、激しい競争や淘汰が行なわれた結果、今やそのような事業は圧倒的な力を持つ「勝ち組」に支配されており、新規参入は容易ではない。

現状では、個人がインターネットを使って小規模な副業で儲けるには、通販ビジネスか媒体（広告）ビジネスしか残されていないといってよいだろう。

しかも、通販ビジネスでいえば、「楽天市場」をはじめとする通販モールの分野はすでに勝ち組が決まり、今は、通販ショップの勝負が決するステージに入っている。

通販モールの「楽天市場」に限ってみても、まだまだ通販ショップの数は増加の一途をたどっている。

すなわち、白地図に塗り残された部分も日に日に小さくなり、残された席もあとわずかというわけだ。

だが、今ならば、まだ間に合う。

繰り返すが、今が最後のチャンスである。あらゆる商品分野で通販ショップの「勝ち組」が確立してしまったら、あとから参入するのは並大抵のことではない。インターネットで金儲けをしようとするならば、一刻の猶予もならない。本書の手順にしたがって、速やかにネット事業に乗り出そう。

副業開始！　まず「投下できる金と時間」を確定する！

それでは、さっそく事業を始める準備をしよう。

副業とはいえ、きちんとした準備は必要だ。しょせん副業だからと、行き当たりばったりで進めていると、必ず行き詰まってしまう。また、運よく事業が軌道に乗りかけても、受け入れ態勢が整っていないと、せっかくのチャンスをフイにしてしまう恐れがある。

「楽して儲ける」ことはむずかしい。しかし、それらを理解したうえで、綿密に計画を練り、地道に実行すれば、副業で「確実に儲ける」ことは可能である。

事業の企画、準備は、31ページ図の手順で煮詰めていく。ここで、各段階でやるべきことについて、それぞれ順に説明していこう。

①投下する資本を決める

まず、副業に割くことのできる金と時間を確定する。

事業開始までの手順

企画段階

- 投下する資本を決める
  - ▼ 事業企画の案出
- 事業内容を決める
  - ▼ 競合相手の研究
  - 実験的に事業を展開
- 事業計画を作成する
  - ▼

準備段階

- 各方面に手配する
  - ▼ 税務署に申請
  - 勉　強
- サイトをオープンする
  - ▼ サーバレンタル
  - サイト制作

事業開始！

資金については、貯金額や親からの借金（可能ならば）などを考慮に入れて、事業にいくら使えるかの限界額を知ることが重要である。

もちろん、扱う商材によって、必要な金額は様々だ。古本屋に行ってめぼしい本を買い、オークションで売るというならば、月に数千円で足りるだろう。だが、食品や家具・家電を大量に仕入れて売るとなると、かなりの金額が必要になる。

時間については、たとえば「毎日二時間は割く」「土曜日は四時間使う」といったことを決める。これが事業の大枠となり、この枠内でどのような事業を実現できるのかを考えることになる。

②事業内容を決める

商材として何を売るか、またそれをどのように売るかを決める。

商材については、投下資本の枠内で実現できるアイデアを、たくさん考えてみよう。これまでサラリーマンとして培ってきた人脈を活かせる事業ならば、自分の強みが活かせるので有利だ。

海外にいる友人を仲間に入れるのもいい。たとえば、海外に留学・赴任している友人がいるなら、現地商品の輸入・通販が有利にできるかもしれない。あるいは商材を〝情報〟に定めてもよい。あなたが極めた趣味の知識、独自の情報ルートから仕入れた情報等はお金になる可能性がある。

どのように売るかというのは、ネット通販にするか、オークションを利用するかといったことである。これは、ある程度商材に左右される。ネット通販やオークションなどの特徴については、2章以降で説明しよう。

この段階で、徹底的に競合相手の研究を行なうこと。机上の空論で終わらず、試験的にサイトを立ち上げて、友人に商品をテスト販売して、意見を聞くのが望ましい。

事業計画表で「自分の副業マップ」をつかむ！

③事業計画表を作成する

事業を開始する月から、その一年後まで、毎月の売上目標と経費計画を立ててみる。

経費については、②の段階での試行成果をもとにして、細目まで徹底的に詰めることが必要だ。売上も経費も、やや悲観的なくらいに設定しておいて、事業開始後に資金が不足するリスクをできるだけ回避しよう。

35ページに通販サイトでの事業計画表の例を作成したので、参考にしていただきたい。

これを面倒くさがってやらない人が多いが、事業の成功イメージを具体化し、目標意識を高めるためにも、事業計画表の作成はぜひとも強くお勧めしたい。

長年サラリーマンをやっていると、「経費」というものが実感として湧かないかもしれないが、この表を見ればその重要性を知ることができる。

また、具体的な数値を示しておくことによって、明らかな赤字事業に果てしなく投資しつづけるリスクを回避できる。

そのために、「事業開始後二四カ月目で月五〇万円の利益が出ていなかったら撤退する」といった幕引きラインも決めておこう。

④各方面に手配する

税務署に個人事業の申請をする（実際に個人事業の申請をすべきかどうかについて

儲けの一歩！簡単な「事業計画表」を書いてみよう

通販サイトを立ち上げる場合

		4月	5月	6月		1月	2月	3月
収入	通販売上	50,000	60,000	72,000		257,989	309,587	371,504
支出	初期投資（PCソフト）	30,000	0	0		0	0	0
	通販仕入	17,500	21,000	25,200		90,296	108,355	130,026
	広告費	10,000	10,000	10,000		20,000	20,000	20,000
	送料・決済手数料	5,000	6,000	7,200		25,799	30,959	37,150
	サーバ管理費	6,000	6,000	6,000		6,000	6,000	6,000
	その他経費（文具）	2,000	2,000	2,000		2,000	2,000	2,000
利益	利益	-20,500	15,000	21,600		113,894	142,273	176,328

※商材によって異なるが、送料は最低でも売上の10%程度で見積もるべき

※割引セールや懸賞利用も考えられる。経費は多めに見積もっておくこと

は、6章234ページ「こんなとき『青色申告の申請』をしましょう！」を参照のこと）。また、商材によっては、届出や許可が必要なものもあるので注意してほしい。くわしくは、6章245ページ「『販売・取り扱い』に許可・資格が必要なものがあります！」を参照のこと。

この時期に、事業を進めるにあたって必要な知識をつけておこう。仕事を始めてしまうと勉強をする時間は、どんどん減っていく。とくに、インターネットと税務申告（青色申告と白色申告を問わず）の知識は必須といえる。

⑤サイトをオープンする

インターネットのサーバを借り、サイト（ホームページ）を制作し、サイトのオープンにこぎつけよう。

通販ビジネスであれば、商材の仕入業者や宅配業者との契約も行なっておく（宅配業者との契約については、2章「『自分の商品に合った配送業者』はどう見つける？」を参照のこと）。

④、⑤で必須と思われる税務申告やインターネットスキルの概説については、この

あとの説明も参考にしていただきたい。

副業に「使えるサイト・役立つサイト」、ここをチェック！

この時点では、どんな副業に挑戦するべきか、迷っている人も多いことだろう。そのような人のために、ヒントとなるサイトをいくつかご紹介しよう。

①ランキング市場（楽天市場）http://event.rakuten.co.jp/ranking/

まず、楽天市場の「ランキング市場」。

ここでは、日本最大のショッピングモール「楽天市場」の売れ筋商品が週替わりで掲載される。通販の商材を考えるときはもちろん、商材を決めたあとに、それをどう売るか考える際にも、現在売れている通販ショップの販売手法は参考になるはずだ。

②キーワードアドバイスツール（オーバーチュア）
http://inventory.overture.com/d/searchinventory/suggestion/?mkt=jp

使えるサイト①——ランキング市場（楽天市場）

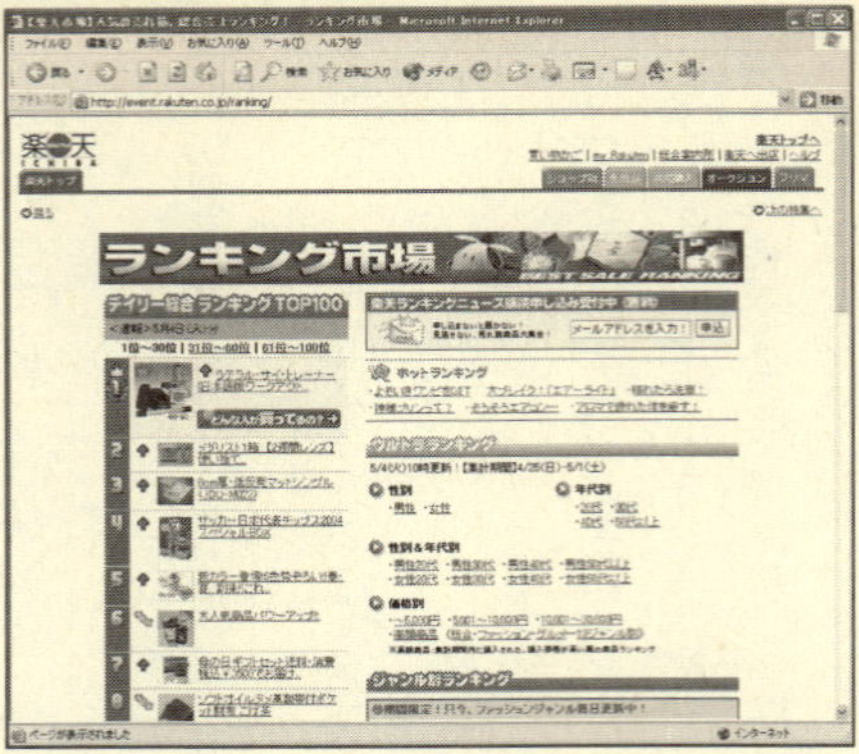

http://event.rakuten.co.jp/ranking/
総合順位の他に、カテゴリ別・世代別ランキングといった詳細データも掲載されている。商材の下調べにはうってつけだ。

使えるサイト②——キーワードアドバイスツール（オーバーチュア）

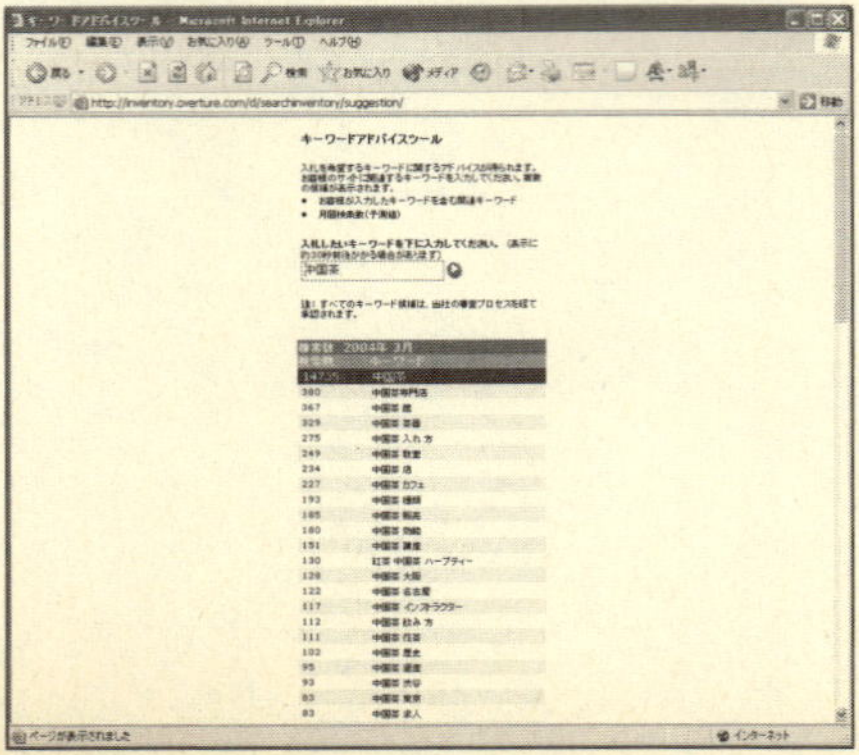

http://inventory.overture.com/d/searchinventory/suggestion/?mkt=jp
広告を打たない場合、新規顧客の大半は検索エンジンからやってくることになる。and検索に多く登場する商品はぜひ入荷しておきたい。

使えるサイト③——impress Watch（インプレス）

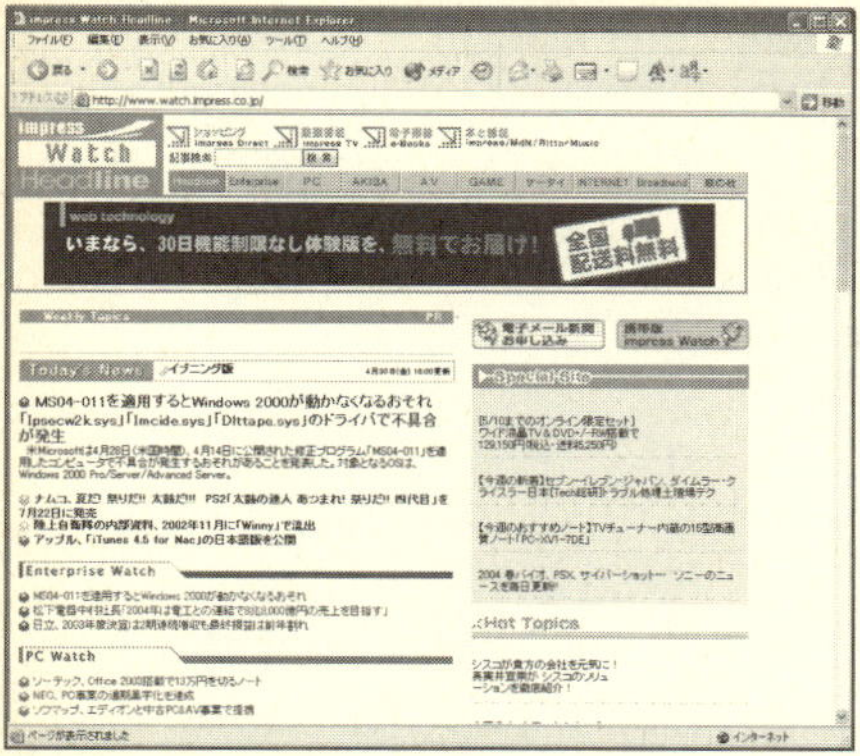

http://www.watch.impress.co.jp/
インターネット業界の最新情報はもとより、通販ビジネス等に関するリサーチ結果が掲載されることもある。ぜひ毎日チェックしてほしい。

使えるサイト④——All About Japan（リクルート）

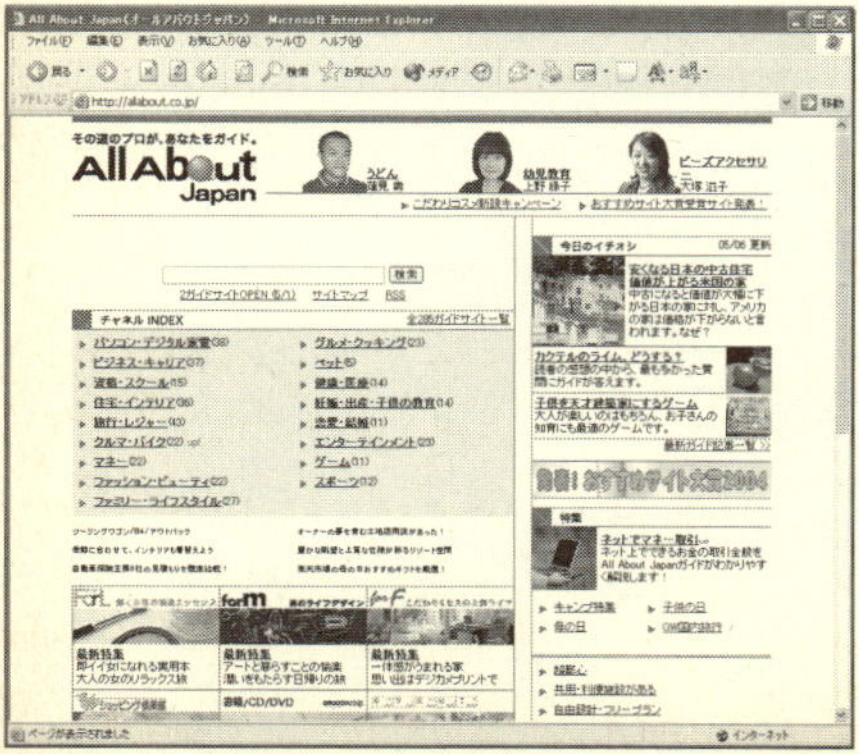

http://allabout.co.jp/
商材を絞り込んだら必ず訪れよう。自分の扱う商材に関するガイド記事とリンクはすべて目を通しておくこと。

楽天市場の「ランキング広場」と同様に、ネット上のトレンドを知るのに活用したいのが、「オーバーチュア」の「キーワードアドバイスツール」だ。

このページでは、ヤフーをはじめとする「オーバーチュア」の提携サイトにおける特定キーワードの月間検索数（予測値）を知ることができる。

企画中の事業内容や商材に関するキーワードを入力してみよう。

そのキーワードに関して、どのような内容がネット上での関心をひいているのかがわかる。

③impress Watch（インプレス）http://www.watch.impress.co.jp/

次にお勧めしたいのがインプレスの「ｉｍｐｒｅｓｓ Ｗａｔｃｈ」。

ここには日々ネット業界の最新情報が掲載される。ネット新規事業のプレスリリースも数多く掲載されるので、事業アイデアを練るときに重宝するはずだ。

また、事業内容を決めたあとも、競合研究の一環としてこのサイトは必ずチェックしてほしい。自分がこれぞと思ったアイデアを、ある日突然、大企業が開始することも十分にありうるからだ。

④All About Japan（リクルート）http://allabout.co.jp/

ある程度事業内容を絞り込んだら、ぜひ訪れたいのが、リクルートの「All About Japan」だ。自分の気になるテーマのガイドサイトは、必ずチェックしよう。とくに競合相手の研究を行なう際には、ここのリンク集を必ずチェックしてほしい。

⑤ヤフー・ジャパン（ヤフー）http://www.yahoo.co.jp/

事業を始める際には、ヤフー・ジャパンに掲載されている類似サイトを隅々まで研究すること。

通販であれ情報サイトであれ、最低でもヤフー・ジャパンに掲載される水準まで持っていかないと、アクセスが集まらず、商売として成立しないと考えてよい。もし、そこまでサイトを作り込む自信がなかったら、別の事業を考えたほうがいいだろう。

稼ぐ前に「人生のコスト計算」をしてみよう

さて、インターネット事業の準備は整った。あとは、実際に作業を始めるだけだ。

だが、ここでちょっと立ち止まって考えてほしい。

「機会損失」という言葉がある。

もし副業をしなければ、あなたはその時間で何をすることができるだろうか。友人や恋人ともっと遊ぶことができるかもしれない。家族と触れ合う時間がもっと増えているかもしれない。あるいは本業に一段と力を入れることによって、それなりの成果を上げることができるかもしれない……。

そのすべてが副業をすることによって奪われてしまうわけだ。その奪われた機会を、「機会損失」という。その結果として、あなたの作った事業計画表で一年後にいくらの利益が手に入る手はずになっているだろうか?

一〇万円?

一〇〇万円?

一〇〇〇万円?

はたして、お金が儲かったら「成功」といえるか?

商売がうまくいけばいくほど、仕事に追われ、休む間もなく働かなければならない。また、取引先や顧客が増えるのと比例して、しがらみもまた増える一方だ。正直いって、つらくなるときもあるかもしれない。

手段が目的化してしまい、お金を稼ぐこと自体が目的になると、いつまで経っても「成功した」という実感は得られない。

「もっと稼げる、もっと稼げる」という思いから、お金を得るための孤独で不毛な戦いに人生の大半を費やすことになろう。

事業は成功した。しかし、人生は不幸になった——そんなことがあってはならない。そのためには、「本当の成功は、お金とは別のところにある」ということを、つねに頭に入れておく必要がある。

たとえば、稼いだ金で年に一回、海外旅行に行くのでもいいし、家族といっしょに温泉旅行をするのでもいい。また、クルマや別荘を買う資金にするのでもいい。

誰しも、お金を稼いだらああしたい、こうしたいという夢を持っていることだろう。そういった具体的な目標を定めて、成功の実感を味わえるようにすることをお勧めしたい。

お金は、あくまでも夢をかなえる手段でしかない。人生の目的を知り、かつ足りることを知ってはじめて、成功した実感が得られるということを肝に銘じておきたい。

2 すぐできる！　儲かる！「サイト・ホームページ」の基本テクニック

三分でできる！　「儲かる副業サイト」の作り方

インターネット副業で儲けたいのに、パソコンやネットの基礎知識にちょっと自信がない……という人は意外に多いものだ。ただ心配することはない。

そんな人のために、ここではホームページの作り方を中心に、「儲けるための基礎知識」を紹介しよう。

ホームページの作成や更新は、けっしてむずかしいものではない。ここでは、もっとも簡単な方法でホームページを作成してみよう。画面に「ホームページ」と表示するだけだが、本当に三分でできるので挑戦してみてほしい。

ホームページは、ＨＴＭＬ形式のファイルで作成されている。ＨＴＭＬファイルはテキストファイルの機能を拡張したようなもので、「メモ帳」でも作成できる。

テキストファイルは文字だけでできているが、HTMLファイルは文字の大きさや色を変えたり、写真や図を貼り込んだりできる。

そのために、必要なのが「HTMLタグ」だ。以下の画面で、「＜＞」で囲んだ文字列をタグといい、このタグが積み重なって、ホームページが作られている。

ここでは、意味はわからなくてもいいから、指示の通りに入力してみてほしい。「font」というタグを利用することによって、文字の大きさが変わることがわかるだろう。

❶ まず、メモ帳を開く

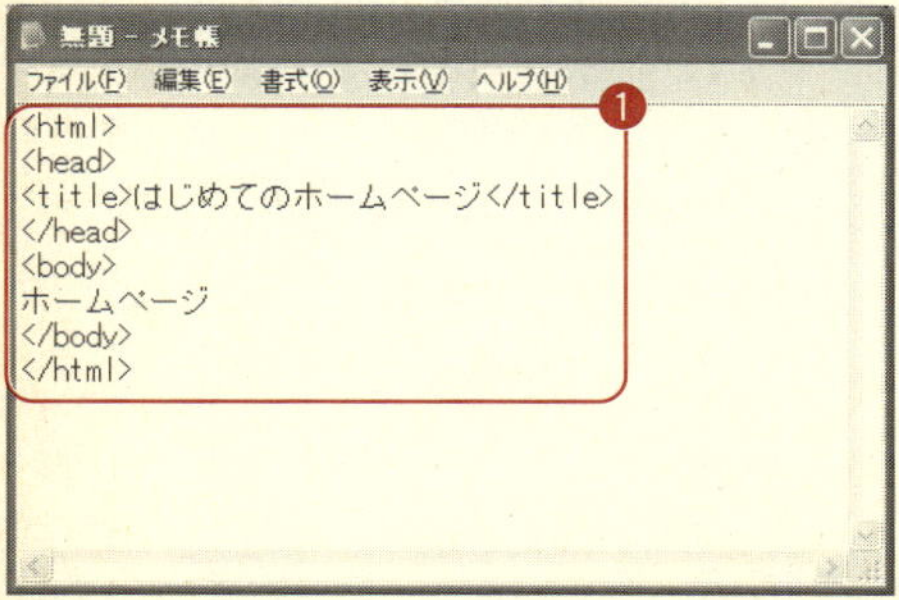

❶メモ帳を開いて、画面のように入力する（英字と記号はすべて半角文字で入力すること）。

2 保存しよう

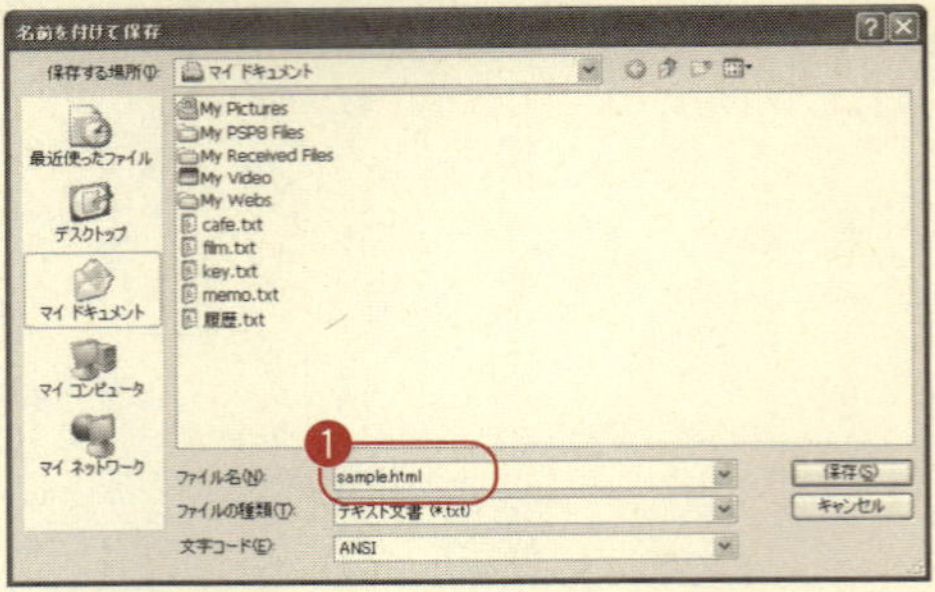

❶［ファイル］→［名前をつけて保存］を選択して、「sample.html」という名前をつけて保存する。保存場所はどこでもいい。

3 「ホームページ」という字が表示された

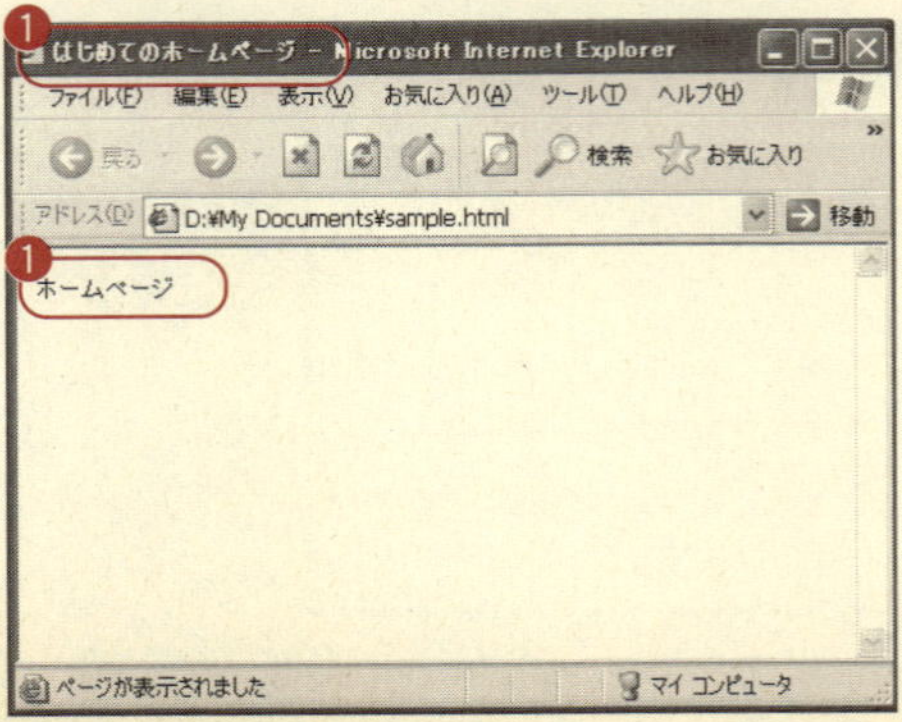

❶「sample.html」を実行すると、インターネットエクスプローラで「はじめてのホームページ」というタイトルと「ホームページ」という字が表示された。どのホームページもこのタグの指示を複雑に組み合わせただけなのだ。

4 [上書き保存]を実行

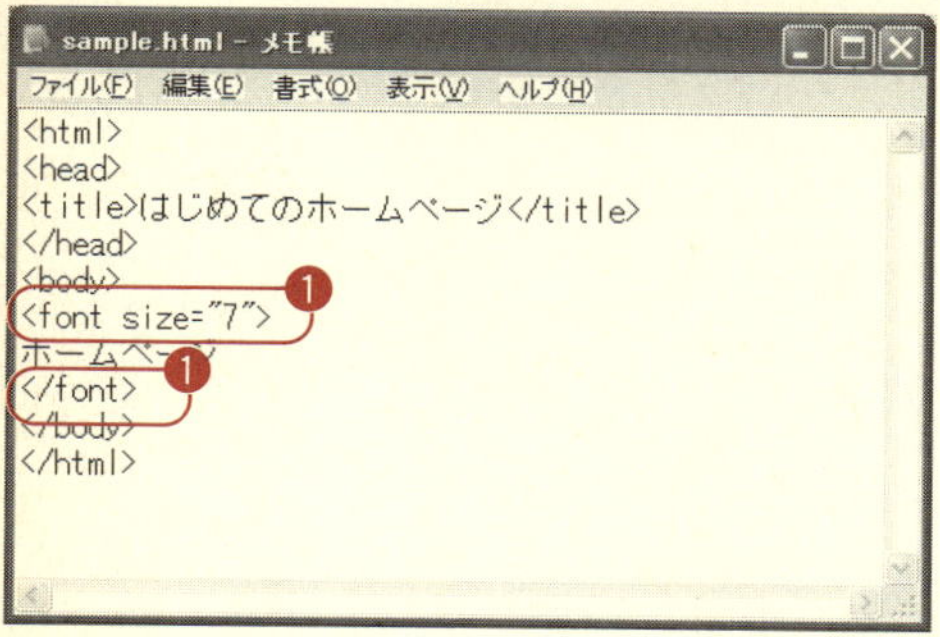

❶こんどは、メモ帳に<font size="7"></font>の2行を追加して、[ファイル]→[上書き保存]を実行する。

5 「ホームページ」という字が大きくなった

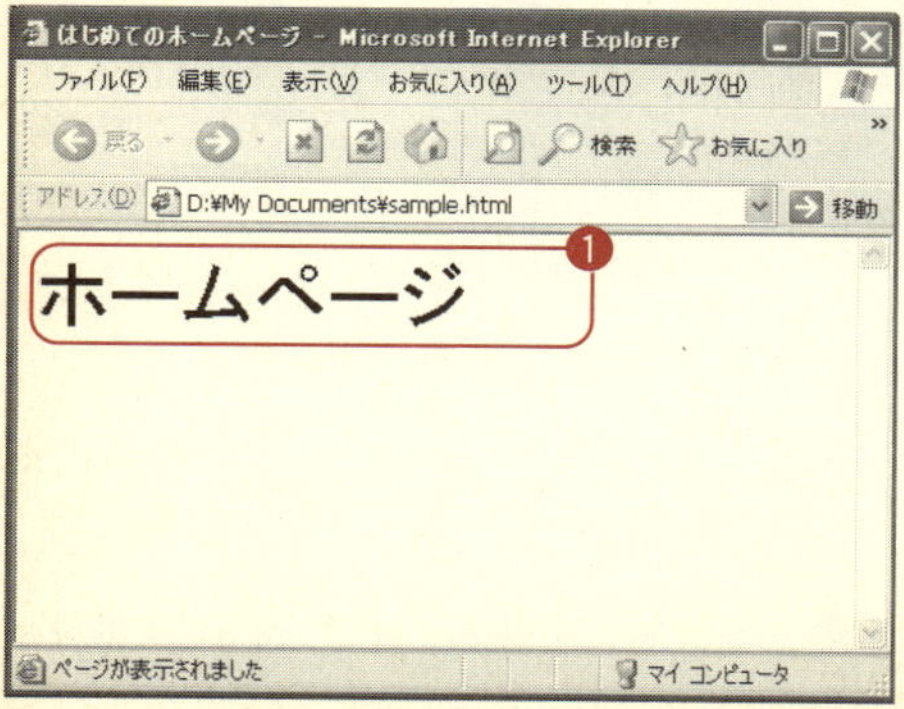

❶インターネットエクスプローラの[更新]ボタンを押すと、「ホームページ」という字が大きくなった。数字の部分を1～7の範囲で変えていくと、それに呼応して文字の大きさが変わる。

「HTMLタグ辞典を買うと売上が上がる」は本当か

このように、HTMLファイルでは、タグを使ってホームページの見映えを変えることができる。画像を貼り付けるのも、やはりタグのお世話になるわけだ。

文をタグではさむだけでよいとはいえ、タグの種類はたくさんあって、覚えるだけでも大変だ。また、いちいちメモ帳にタグを入力するのも面倒である。

そこで登場するのが、「ホームページ制作ソフト」だ。これは、ワープロソフトの「ワード（Word）」や「一太郎」のように、文章や画像を入力していくだけで、自動的にHTMLファイルにしてくれるものだ。

つまり、ホームページ制作ソフトが、レイアウトや処理の内容を判断して、自動的にタグを追加してくれるわけである。だから、ワープロの知識さえあれば、タグを気にすることなくホームページが作成できて便利だ。

ホームページ制作ソフトには、いろいろな製品が市販されているが、マイクロソフトの「フロントページ（FrontPage2003）」が「ワード」の操作に近く使いやすい。また、「ホームページビルダー」も定評がある。この二本は入門書も充実していて、お勧めだ。

またネット上では、多数の低価格・無料ホームページ作成支援ソフトが公開されている。オンラインソフトの検索ができる「Ｖｅｃｔｏｒ」http://www.vector.co.jp/や「窓の杜」http://www.forest.impress.co.jp/のサイトで探してみるといいだろう。

ところで、ホームページ制作ソフトを使用しても、ときには思いどおりにレイアウトができない場合もある。

そんなときに備えて、先に説明した程度のＨＴＭＬタグの基礎知識はあったほ

これが「フロントページ」だ！

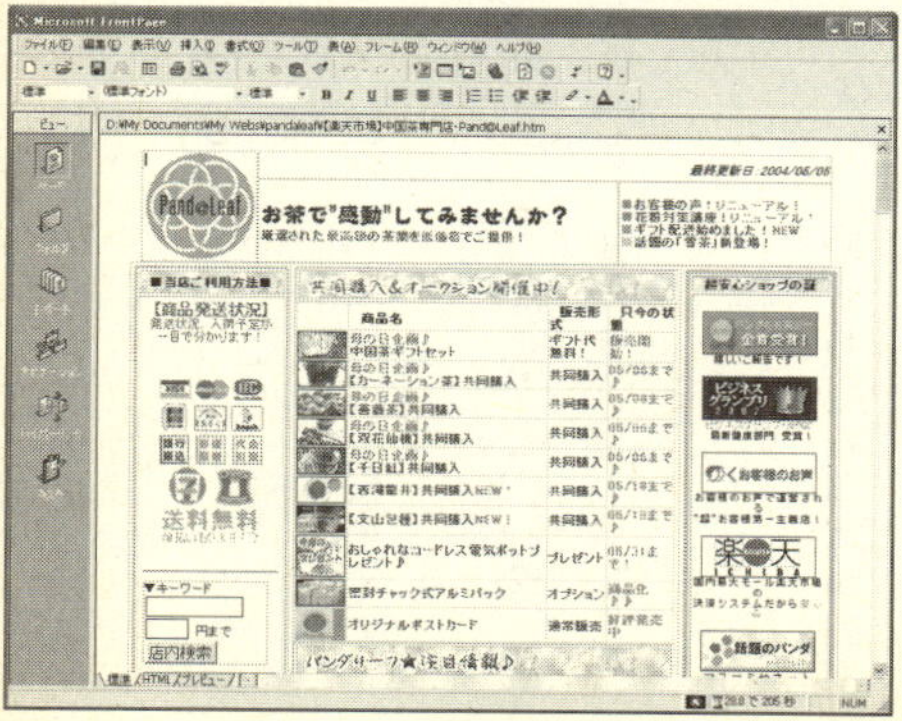

フロントページを使えば、タグ辞典を片手にいちいちタグを書く手間が省け、効率よくホームページを作成することができる。

うがいいだろう。ＨＴＭＬタグ辞典は一冊購入しておこう。

明暗・濃淡・ぼかし……「売るためのテクニック」を覚える！

インターネットでお金を稼ごうとするからには、ある程度の画像加工技術も知っておいたほうがよい。

とくに、バナー（画像広告・看板）の作成やデジカメ画像の加工など、画像の編集作業をするときには必須である。通販サイトでは、写真の出来ばえが購買意欲を左右することになるので、ぜひともマスターしたいものだ。

画像編集ソフトには、様々な製品があるが、ここでは「ＦｉｒｅｗｏｒｋｓＭＸ」をお勧めしたい。やや値段は張るが、操作が簡単で、とくにウェブのための画像加工に優れているのが特徴だ。安価なソフトは使い込むほどにストレスを感じるようになる。何本もソフトを乗り換えるくらいなら、はじめから王道ソフトを使ってみよう。

ここでは、デジカメ画像を加工する基本的な操作について、順を追って説明していこう。

画像テクニックはこの4つを覚える

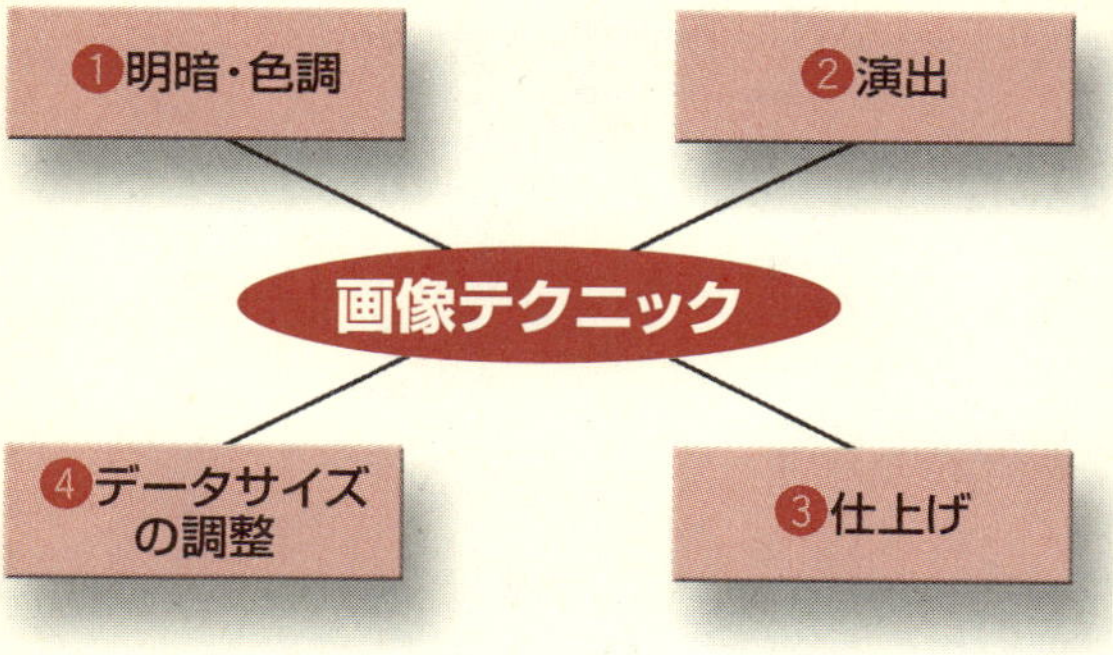

画像の濃淡を調整しよう

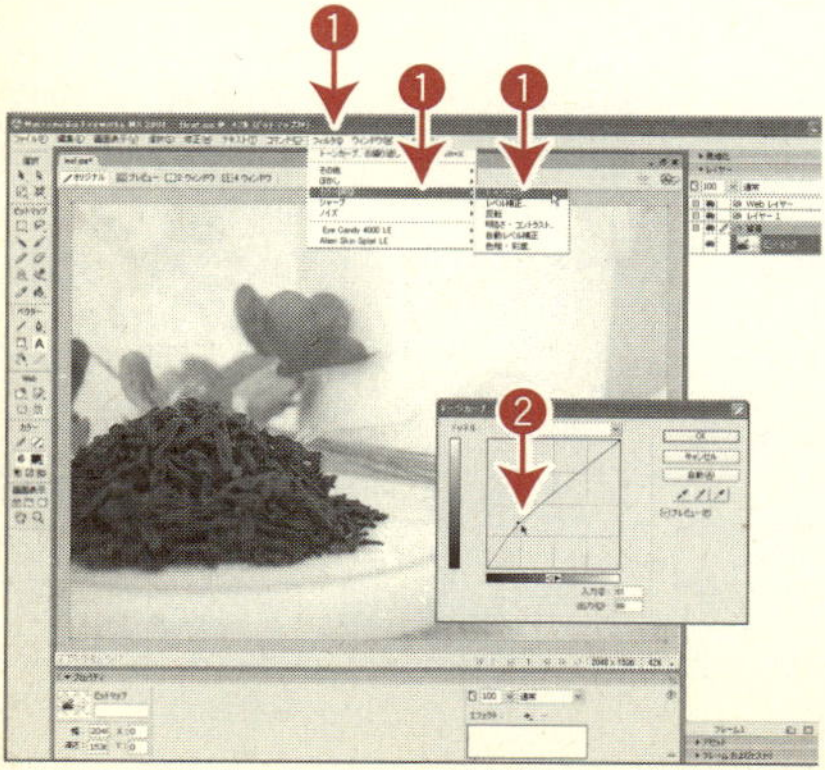

①FireworksMXを起動し画像ファイルを開いたあとに［フィルタ］→［カラー調整］→［トーンカーブ］を選択すると、画像の明るさやコントラストが細かく調整できる。

② ［トーンカーブ］ウィンドウのカーブをマウスでドラッグして、暗部や明部の濃淡を調整していけばいい。

ぼかしのテクニック

❶デジカメ画像はザラついた印象になる場合があるので、[フィルタ]→[ぼかし]→[ぼかし(ガウス)]を選択すると、画像をソフトにすることができる。
❷［ぼかし(ガウス)］ウィンドウの、半径を指定する数値は、0.4～1程度が適当だ。

影をつけてみよう

❶画像に影をつけるには、まず画像の右下をドラッグしてやや縮小する。
❷「エフェクト」の右にある[+]ボタンを押し、ポップアップメニューから[シャドウとグロー]→[ドロップシャドウ]を選択。
❸影の大きさや柔らかさを、画面を見ながら数字で調整していく。

画像のサイズを調整

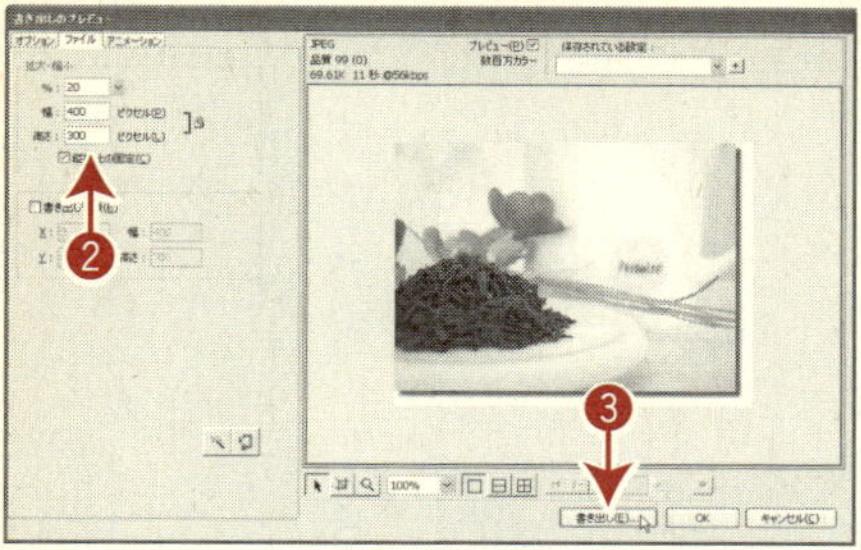

❶［ファイル］→［書き出しのプレビュー］を選択。
❷［ファイル］タブの画面で、画像のサイズを指定する。
❸［書き出し］ボタンを押して、画像を保存する。

バナーを作成しよう

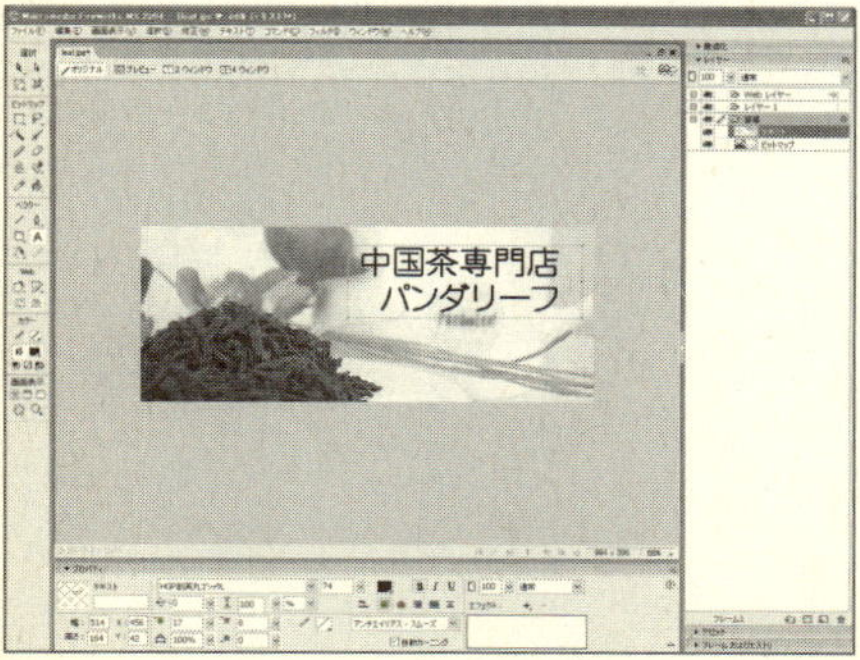

［切り抜きツール］や［テキストツール］を使うと、このようなバナーも簡単に作成できる。リンク先においては、バナーはサイトの顔となるので、なるべく見映えのいいバナーを作ろう。

どのサーバを選ぶか――「見極めのポイント」はこの六つだ!

通販サイトを運営するためには、作成したホームページを保存したり、メールをやり取りしたりするためのサーバが必要だ。

パソコンの知識がかなりあるならば、完全に自前でサーバを設置することも可能だが、保守管理が面倒なので副業にはお勧めできない。一般的には、サーバのレンタル業者に借りることになる。これを、「レンタルサーバ」または「ホスティング」と呼んでいる。その場合、大きく分けて次の二種類から選ぶことになる。

a. 専用サーバ
b. 共有（共用）サーバ

aは、いわば一戸建てのサーバで、一台のサーバをまるごと借りるもの。bは、マンションのようなもので、複数の契約者が一台のサーバを共有するものだ。

副業で使うならば、bまたは格安のaがいいだろう。価格は月額で四〇〇〇～三万五〇〇〇円が目安だ。サーバのレンタル業者については、専門雑誌の『インターネットマガジン』（インプレス）を参考にしたり、インターネットの検索エンジンで「レンタルサーバ」または「ホスティング」というキーワードで探してみるといいだろう。

ところで、レンタルサーバも本物のマンションと同じく、管理人・同居人によって居心地がずいぶん異なるものだ。いったん契約してしまうと、変更はかなり面倒なので、しっかりとチェックをしておきたい。見極めのポイントは、次の六点だ。

①商用利用ができる

大手プロバイダの個人契約では不可のところが多いので注意。

②独自ドメインに対応している

「独自ドメイン」は、ＵＲＬやメールアドレスに、自分の名前や会社名が使えるもの。プロバイダ名が入ったＵＲＬやアドレスにくらべて信用が違うので、取得したい。

③CGIが使える

CGIという形式のプログラムが使えなければ、通信販売ソフトを動かすことはできない。情報サイトでない限り、CGIは必須の機能といえる。

④容量が一〇〇メガバイト以上ある

一〇〇メガバイトが目安。なるべく容量が多いほうがいい。

⑤重くない(処理速度が遅くない)

実際にそのサーバで運営されているサイトを閲覧してみよう。とくに、夜一一時前後のアクセス集中時をねらって、ブラウザの更新ボタンを押したり、通販サイトで商品を買い物かごに入れたりして、その速度を体験してみるといい。

⑥サポート体制

ホームページに詳しくない人には重要。電話でも受け付けるところや、メールのみのところもある。サーバ会社はサポート力が弱いところがあるので注意が必要だ。

2 週末副業で儲けている人が実践する「成功のコツ」

1 ネットビジネス――「稼いでいる人の接客テクニック」とは？

「お客様の三つの不安」――これを解消できる人が成功する！

インターネット事業の準備は完了した。あとは、ホームページを公開して、お客様を待つだけだ。

しかし、売りたい商品をホームページに並べただけでは、お客様は集まらない。商売を繁盛させるためには、それなりの努力とテクニックが必要なのだ。そこで、この章では、実際の販売に入る前に、通販サイトやオークションで稼ぐための秘伝のコツを伝授していくことにしよう。

インターネットでモノを売るには、自分で通販サイトを立ち上げる方法と、「Amazon.co.jp」(以下、「アマゾン」と表記)の「マーケットプレイス」や「ヤフー・

ジャパン」の「ヤフー・オークション」などのオークションサイトへ出品する方法がある。

本書の最終的な目的は、自分で通販サイトを立ち上げることである。

しかし、慣れていない人にとって、いきなり通販サイトの制作というのは、ちょっとハードルが高いだろう。そこで、はじめての人は、インターネットでの取引に慣れるために、まずはオークションサイトを試してみるのがいい。

ここでは、通販サイトとオークションサイトのどちらにも共通するコツを中心にして、解説していくことにしよう。

インターネットを利用した販売と一般の店頭販売は、まるで別のものと考えたほうがいい。最大の違いは、インターネット通販に〝実在感が薄い〟ということだろう。

実際の商店に出かけてみれば、そこには実在感にあふれた店舗があり、誠実な店員がいて、実物の商品が置いてある。

ところがインターネット通販では、そうはいかない。モノを売るサイトはあっても、商品を手に取ることもできず、金を払ってもその場で商品を受け取ることができない。そもそも、運営している人物や企業が、信用できるのかどうかがわからない。

だから、あなたの通販サイト（あるいはオークションサイトの商品ページ）を訪れるお客様は、次の三つの点に強い不安を抱いているということを頭に入れておかなくてはならない。

①信頼できる店舗なのか
②本当にいい商品なのか
③トラブルなく取引が完了できるか

それに対して、あなたにできることといえば、ホームページに画像や文字を表示することとメールを送ることとくらいである。そうした限界の中で、お客様から信頼を得なければならないのである。この三つの不安を解消するための方法を紹介しよう。

信頼されるサイト、されないサイト、一番の違いは？

信頼できる店舗と感じさせるには、あなた自身に関する情報や意見を、できる限り公開することが大切である。

まず、法律で決められたデータを、間違いなく記入するのは大前提である。くわしくは、6章251ページ「トラブルを防ぐために『絶対に表示しておくべきこと』」を参考にしてほしい。

このほかにも、あなたの年齢、経歴、顔写真、サイトの更新日といった客観的データも出したほうがよい。さらに、販売に関するポリシーや運営日記などの主観的なデータも、可能な限り公開しよう。

様々な通販サイトを見ていると、こうしたデータをおざなりにしているサイトがじつに多い。おそらく、直接販売に結びつかないと考えているのだろう。しか

これが自己紹介ページです！

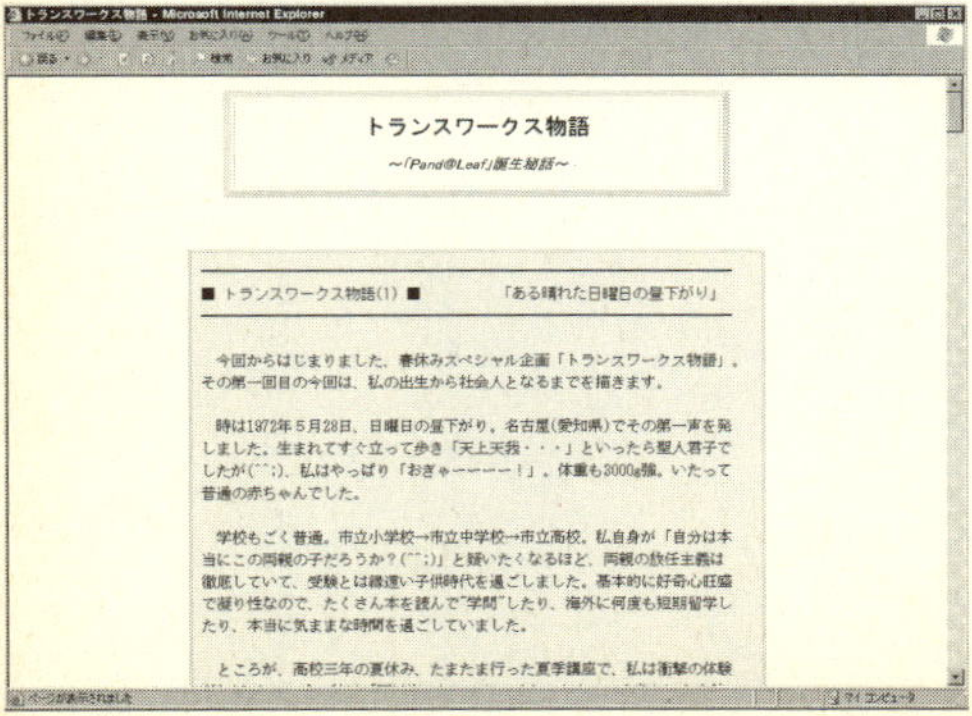

店舗設立の経緯をつづってみたところ大好評。このページを見てお店のファンになったとおっしゃるお客様が多い。

し、そんなことはない。

サイトの訪問者は、このようなデータを見て、「こいつは信用できそうだ」「これはちょっと、うさん臭い」と判断しているのである。

中でも、自己紹介、店舗立ち上げ、仕入れの経緯には、サイト運営者の人柄や方針が強くにじみ出るものだ。

こういったデータを公開することで、お客様から大きな信頼を得ることができる。こうした細かい部分まで、しっかり作り込もう。

説明文は「商品を手にしたときの印象」を書く！

インターネット通販では、商品の紹介は、せいぜいデジカメ画像と説明文だけである。実際の店舗と違い、商品を手に取ることはできない。

だから、いくらいい商品を扱っていても、紹介のしかたが稚拙では、お客様に見向きもされないのである。

商品の説明文を書くときに心がけてほしいのは、まるで実物を手に取ったのと同じように、可能な限り詳細に記すことだ。

サイトによっては、商品名と大きさ、重さしか書かれていないところも見受けられるが、これでは商品のリアリティは伝わらない。

とくに大切なのは、手触りや味わいといった主観的な情報を細かく書き込むことだ。論文を書くわけではないので、積極的に主観を含めて書いてほしい。

今や「ブロードバンド時代」だから、字数を気にする必要はない。書くべきことはすべて書き、画像もできるだけ多く掲載しよう。

もちろん長文となった場合には、見出しを立てたり、ページを分割するといった工夫は必要だ。画像の場合は、1章50ページで紹介した「ＦｉｒｅｗｏｒｋｓＭＸ」のような画像編集ソフトを使って、一枚当たりのファイルサイズを小さくすることを忘れずに。

説明文を書くときは、こまめに辞書を引き、的確な用語を探して表現するように心がけよう。辞書は、一般的な国語辞典はもちろんだが、類語辞典が意外に役に立つ。「意味がこの言葉に近くて、ちょっとニュアンスの違う言葉はないのか」というときには、類語辞典を調べるとピッタリくる言葉が見つかるものだ。

なお、あまりにも商品を賞賛しすぎるのも、かえって信頼を失うことになるので注意が必要だ。逆に、キズや汚れなどのマイナス情報は、積極的に公開したほうが信頼される。このことは肝に銘じていただきたい。

「本当に」「深く」「厚く」……「感謝の副詞」を上手に使う！

お客様とのやり取りはメールが中心となる。

メールの文面は、誠実すぎるくらいに誠実に書く。もちろん、わかりやすいことも大切だ。テキストのみのメールでやり取りをすると、通常の文章を書いているつもりでも、無愛想、不親切だと誤解されがちである。

そこで、「本当に」「深く」「厚く」「重ねて」など、心のこもった言葉を使いすぎるくらい使うように心がけよう。

オークションサイトを利用する場合は、注文に対するお礼のサンクスメールだけで済む場合もある。しかし、通販サイトを運営する場合には、サンクスメールのほかに、入金を確認したら入金確認メール、配送後には配送完了メールを必ず送ること。それぞれのメールの見本は、80ページ以降で紹介する。

「……」や「！」といった記号も、ためらわずに使ってよい。

顔文字は失礼だと気にする向きもあるが、顔文字を使って売れているお店も山ほどある。店舗のコンセプトや商材によっては顔文字を使うこともためらわず、何よりも真心の伝わる文章を書くようにしよう。

たとえば、サンクスメールの文面は、「お買い上げいただきありがとうございました。またご来店ください。」というだけではそっけない。

何よりも、「またここで買ってみようかな」と思いたくなるような、強い印象を与えることが大切なのである。

次のように、多少大げさに感じるくらいでもよいのだ。

「この度はお買い上げいただき本当にありがとうございました。厚く、厚く、御礼申し上げます……。またのご来店を心からお待ちしております！」「ご来店いただきありがとうございます！　またご来店いただける日を、首を長くしてお待ちしております！(^^)/」

トラブルに限らずお客様からの問い合わせには、誠実に対応することが大切だ。クレームや問い合わせがあった場合には、すみやかに返事を出そう。連絡をいただいてから一二時間以内が目安だ。できれば、もっと早いほうがよい。事情があって、時間内に対応できない場合でも、必ず一報を入れること。

また、クレームへの対応を誤ると店舗イメージに大きな傷がつく。この点については、4章176ページ「ネットのクレームは『三段階』で対処しなさい」を参考のこと。

また、当たり前のことだが、商売にフリーメールや携帯メールは絶対に使わないこと。通販サイトを立ち上げる際も、無料ホームページは避けたほうが無難だ。

「自分の商品に合った配送業者」はどう見つける？

インターネットでモノを売る場合には、商品をお客様に配送しなくてはならない。そこで、ホームページを公開する前に、あらかじめ配送業者（宅配便会社）と契約して、配送手段を確保しておこう。

利用する配送業者は原則的に一社だけでよい。

契約といってもそれほど手間はかからないので、次の手順で選ぼう。

格安配送サービスの比較すると……

	送　料	条　件
佐川急便 （飛脚メール便）	160～310円 （重量による）	3辺計70cm以内。長辺40cm以内・厚さ2cm以内。重量1kg以下。損害賠償は「運賃の範囲内」に限る。
ヤマト運輸 （クロネコメール便）	80～310円 （重量による）	
郵便局 （EXPACK500）	500円 （専用封筒込み）	専用封筒（24.8cm×34.0cm。「A4サイズのチラシなら250枚程度封入できる」とのこと）に入る物に限る。手渡し。損害賠償なし。

送料の虎

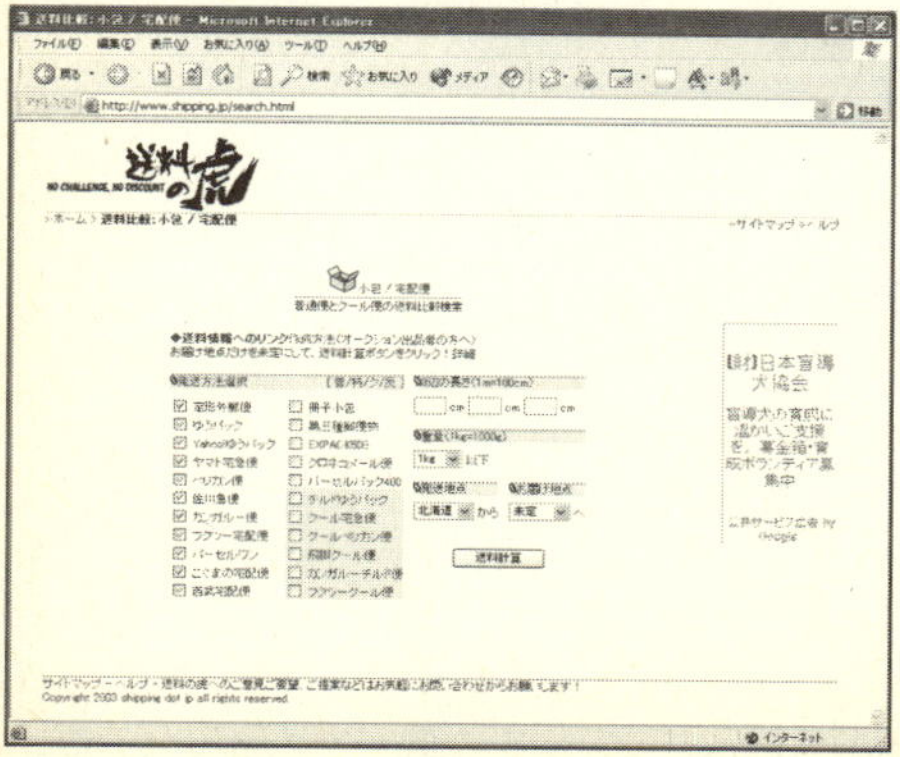

http://www.shipping.jp/
重量、発送地、受け取り地などを入力すると、各社の送料が一発で比較できる。

もちろん、選択の基準は価格である。送料が安くすめば、そのぶんだけ、競合相手との競争力が高くなるからだ。

①配送業者二〜三社に電話する。

←

②自宅（事務所）まで配達員が料金の見積もりを持ってきてくれるので、できる限り料金の値下げ交渉を行なう。

←

③一番安い会社と契約を結ぶ。梱包用の袋を購入し、宛先を記入する送り状ももらっておこう。

配送サービスの中でも、格安でお勧めなのは、民間宅配業者のメール便（佐川急便の「飛脚メール」便やヤマト運輸の「クロネコメール便」）と郵便局の「ＥＸＰＡＣＫ５００」がある。容量や賠償金額に大きな制限があるので、商材によりけりだが、導入を検討する価値はある。

とくに「メール便」は、送料が安いだけでなく、送り先のポストに投函される点が便利だ。相手が不在でも届けられるので、多忙のお客様に喜ばれる。

これらのサービスが使えない場合、民間宅配業者の通常の宅急便ないし郵便局の「ゆうパック」を使うことになる。「ゆうパック」には規定の料金表があるが、宅急便の送料は交渉次第でかなり安くなる。さらに、梱包用の袋を無料でもらえる場合もあるので、ぬかりなく交渉しよう。ただ、書籍やCDなら普通郵便で十分である。

様々な配送会社の配送方法比較検討するときに便利なサイトとして、「送料の虎」がある。配送業者決定の前に、チェックしておくといいだろう。

また、普通郵便で送る場合、自分の字に自信がなければ「宛名印刷ソフト」を使うべきである。「メモ帳」で宛名をプリントアウトして使っても構わない。

「送料込」「送料別」「送料全国一律」……買いやすい表示とは？

配送業者と契約したら、お客様向けの送料を検討しよう。

もっとも印象がよくて販売に結びつきやすいのが、送料を織り込んで商品価格を設定したうえで、「送料無料」（＝送料込）とする方法だ。

送料を別にいただく場合、「送料は全国一律」とすると計算しやすいので喜ばれる。いずれにしても、「送料で儲ける」という発想は絶対に避けること。送料の高いショップは、お客様に敬遠されてしまうからだ。送料設定のコツは、全国一律の場合、近県で黒字、遠県で赤字になる水準にすることである。

ただし、離島への配送は、格段に配送料が高くなる。全国一律とはいえ、必ず「離島・一部地域は追加送料がかかる場合があります」と表記し、実費程度の送料をお客様からいただくようにしよう。

商材によっては、重かったり、かさばったり、クール便で送ったりする必要があるだろう。そうなると、送付先による価格差が激しくなることもある。そうした場合は、地域別に送料を設定するとともに、送料の表を作り、わかりやすい形でお客様に開示すること。

また、梱包については、過剰包装にならないよう注意しよう。有名企業ならともかく、個人が副業ベースで運営している通販ショップや中古品オークションに、「美しい梱包」は期待されていない。そのぶん、商品の品質を上げたり、価格を安くしたりすることで勝負しよう。梱包袋は、配送業者で売っている物がベストだ。丈夫で水にも強いので、ぜひ活用したい。集荷に来る配達員さんに言えば、無料でもらえる場合もある。

梱包するときには、商品と箱の隙間に、丸めた新聞紙を詰める。とがった商品を入れる際には、梱包袋を補強するなどして、壊れないように十分気を使おう。「貴重品」や「われもの」については、もちろん発送時に指示をする必要があるが、配達員の注意力にも限界がある。慎重に慎重を期して、梱包していただきたい。

決済方法——「この四つ」は必ず用意してください！

発送方法が決まったら、次にお金の受け取り方——つまり決済方法を決めなくてはならない。

決済方法は多ければ多いほどよいとよくいわれる。しかし、決済方法や決済先（取引銀行の数など）を安易に増やすと、入金の確認に手間がかかり、また会計処理も面倒になるので注意してほしい。

まずは最低限必要な決済方法だけ導入し、運営が軌道に乗ってきたところでお客様からいただいたリクエストをもとに、徐々に決済方法を増やしていくのがよいだろう。

最低限必要な決済方法は次の四種類だ。

このほかにも様々な決済手段があるが、副業レベルならば、これだけあれば十分だろう。もし、付け加えるとすれば、78ページで説明する「コンビニ決済」である。

①銀行振込
②郵便振替
③代金引換
④クレジットカード決済

なお、3章100ページから紹介する「アマゾン」の「マーケットプレイス」では、クレジットカード決済のみ対応となっている。「アマゾン」の場合は、自分のクレジットカードと銀行口座さえあれば、あとは決済方法を気にする必要はない。

さて、それぞれの決済方法について、簡単に説明していこう。

①の銀行振込は、同行間の振込手数料が安い新生銀行、ジャパンネットバンク、イーバンクがお勧めだ。

いずれにしても、副業を始める際は、事業用に新しく口座を開設することをお勧めする。私用の口座と事業用の口座とを分けたほうが、会計上の管理がしやすいからだ。すでに二つ以上の口座を持っている場合、どれか一つを事業専用にしてもいい。

②の郵便振替については、口座間の送金が可能な「ぱるる口座」を開設しよう。商材や客層によっては、振替用紙（金額を記入したもの）を送ると喜ばれる）は郵便局でもらえるので早めに手配しておこう。

③の代金引換は、配送業者がお客様から代金を受け取り、それと引き換えに品物を渡すというサービスである。契約した配送会社のサービスに含まれているはずだ。

④のクレジットカード決済については、次項以降でくわしく説明していこう。

安全！　便利！　私は「配送業者のカード決済」を勧めます！

最近では、ほとんどの人がクレジットカードを持っているために、クレジットカード決済はぜひとも導入したいところだ。

クレジットカード決済を導入するには、自分の銀行口座を一つと、クレジットカードを一枚作っておくこと。前項の銀行振込の場合と同様に、口座とカードのどちらとも、私用と事業用とに分けたほうが会計上の管理がしやすい。

「アマゾン」の「マーケットプレイス」と「ヤフー・オークション」を利用する場合は、クレジットカードと銀行口座さえあれば、カード決済を利用することができる。

ただ問題なのは、自分で通販サイトを開設する場合である。個人事業の場合には、実績がないうちは、どのカード会社もまず決済の契約を結んでくれないだろう。

たとえば、ＪＣＢの場合は、「オンライン通信販売加盟店」として契約する道が開かれているものの、条件が厳しい（ＪＣＢ「オンライン通信販売加盟店のご契約について」http://www.jcb.co.jp/merchant/mikamei/online/）。

実際、ＪＣＢに問い合わせてみたところ、法人ではなく「個人事業者様とのご契約の場合は、実店舗にて商品の販売・サービスの提供を行なっていらっしゃるか、またはオンライン通信販売を一年以上行なっていらっしゃることが必要となります」とのことだった。

いろいろな決済方法を覚えよう

	支払いにかかる決済・振込手数料	条　件
新生銀行	0円 ※1,2 (新生銀行→新生銀行)	http://www.shinseibank.com
イーバンク	0円 ※1,2 (イーバンク→イーバンク)	http://www.ebank.co.jp
ジャパンネットバンク (JNB)	52円 ※1,2 (JNB→JNB)	http://www.japannetbank.co.jp
ぱるる	140円 ※1,2 (ぱるる→ぱるる)	http://www.yu-cho.japanpost.jp
佐川急便 (代引=現金決済)	315円 ※3,4	http://www.sagawa-exp.co.jp/business/ecollect-index.html
佐川急便 (代引=カード決済)	品代の4% ※4	
ヤマト運輸 (代引=現金決済)	315円 ※3,4	http://www.collectservice.co.jp/service/at.html
ヤマト運輸 (代引=カード決済)	品代の5% ※4	

※1：各社ともインターネット取引時の手数料。実店舗の窓口から振り込むと手数料は高くなる。郵貯の「ぱるる」のみ例外で、ATMから振り込むと手数料は130円と安くなる。

※2：他行からの振込については、その他行の規定による。たとえば、UFJ銀行やみずほ銀行から振り込むには、210円(3万円未満の場合)の振込手数料が必要だ。

※3：代引手数料は品代によって異なる。佐川急便もヤマト運輸も「1万円まで」は315円、「3万円以下」では420円、「10万円以下」では630円、「30万円以下」では1050円となっている。

※4：もちろん、代引手数料、カード決済手数料のほかに送料がかかる。配送会社のカード決済を利用する場合、配送会社からは「送料＋代引手数料＋カード決済手数料」を請求されることになる。

ＪＣＢ以外の複数のカード会社に電話で確認を取ってみたところ、「個人事業者だからといってそれだけで契約を断ることはない」としながらも、「ケースバイケースだが、個人事業でしかもネット通販（非実店舗）となると、契約することはむずかしい」と口をそろえる。

では、新規事業ではクレジットカード決済は無理なのだろうか。

いや、諦めてはいけない。

最近になって、配送業者の代金引換サービスに、カード決済機能が含まれるようになった。これを使えばいい。

佐川急便なら「e‒コレクト」、ヤマト運輸なら「クロネコ@ペイメント」という名称のサービスだ。

これらのサービスは純粋なカード決済とは、ちょっと違っている。配達員がカード読み取り用の端末を常備しており、お客様は商品を受け取ったときに、その場でクレジットカード支払いをするというシステムだ。

この方法だと、お客様がネット上でカード番号を入力する必要がないので、セキュリティ面でも安心だ。また、通常のカード決済であれば、運営者側でカード決済の承認を取る（請求をかける）必要があるが、そうした作業も必要なくなり効率がよい。

これはお勧めだ。

「クレジットカード会社と契約できなかった……」どうする？

クレジットカード会社と直接契約するのが無理ならば、カード決済の代行会社を利用するという手がある。

こういった会社の中には、個人事業者とも契約してくれるところがある。もちろん、費用はそれなりにかかるが、クレジット会社とあなたとの間に入って、カード決済をすべて代行してくれるので便利である。

たとえば、ゼウス（http://www.cardservice.co.jp/）では、初期費用五万円、月額五〇〇〇円、一決済あたり品代の五パーセント＋三〇円の手数料で、カード会社との契約から実際の課金処理までを代行してくれる。

また、エンドレスネット（サービス名称は「ルミーズ」http://www.remise.jp/）では、初期費用三万一二九〇円、月額三一二九円、一決済あたり百数十円の手数料で、同様に代行してくれる。ただし、両社とも商材により異なる場合もあるので、見積もりを取っていただきたい。

配送会社のカード決済サービスより固定費は高くなるが、商材によってはこうした企業を活用するのもよいだろう。とくに物品を伴わない情報販売の場合、こうしたカード決済代行サービスを利用するのも手である。

「客層が若い・独身者が多い」場合は「コンビニ決済」がいい！

これまで説明した銀行振込、郵便振替、代金引換、クレジットカード決済は、通販サイトの決済方法として、必須といっていいだろう。

これにもう一つ付け加えるとしたら、コンビニ決済をお勧めしたい。

これは、お客様がコンビニに商品を引き取りに行き、そのときに代金と引き換えにするシステムだ。

コンビニ決済は後払いということもあり、お客様が安心して注文できるところに特長がある。

ここでは、個人事業主との契約も行なっているコンビニ決済の代行サービス会社を紹介しよう。

まず、伊藤忠商事（「コンビニ決済代行サービス」http://www.homcom.net/）では、初期費用無料、月額五〇〇〇円、一決済あたり一五〇円。

ネットプロテクションズ（「NP後払いサービス」http://www.netprotections.com/）では、初期費用無料、月額無料、一決済あたり品代の五パーセント＋一九〇円。

電算システム（「郵便振替・コンビニ収納決済代行サービス」http://www.densan-s.co.jp/）では、初期費用無料、印刷ソフト代三万円、月額一万五〇〇〇円、一決済あたり九五円で、それぞれ個人事業者に対してもコンビニ決済代行を提供している。

料金は標準的な例。各社、サービスごとに詳細は異なるので、各自ご確認いただきたい。

それぞれのサービスのホームページをチェックして、自分の扱っている商材と合っているかどうかを確認してほしい。

2 「儲かるテンプレート」全部公開します！

「サンクス」「入金確認」「配送完了」——テンプレートは三通必要！

インターネット通販を開始する前に、注文に速やかに対処できるよう、メールのテンプレート（ひな形）を事前に作っておくのがいい。

「買い手がついてからメールを作成すればいい」といった発想をしていると、インターネットで儲けることなど、とてもできない。

一度に多くの注文があった場合に、メール作成に時間がかかって、すばやく対処できないのはもちろんのこと、お客様からの評価を下げてしまうことになる。

また、あわててメールを書くと、大切なことを書き忘れたりするおそれがある。それに、メールに誤字脱字があっては信用問題につながるので、注意が必要である。

だからこそ、まだ実務が発生していない、落ち着いたときに、メールのテンプレートを作っておくわけである。

ここでは、参考までに、私が通販サイトを立ち上げたときのテンプレートをご紹介しよう。私の場合、サンクスメール（ご注文の確認・お礼）、入金確認メール、配送完了メールの三通を、基本テンプレートとしている。ただ、通販サイトとお客様の接点は、基本的にこの三点であるから、この三通は、どのような商売・サービスであっても汎用可能ではないだろうか。

なお、「アマゾン」の「マーケットプレイス」や「ヤフー・オークション」で品物を売る場合は、システムが違うので、原則的に一通で済む。「アマゾン」の「マーケットプレイス」や「ヤフー・オークション」用のテンプレートは、89ページ以降で紹介しよう。

通販サイトを運営している場合は、相手から注文があった直後に、まずサンクスメールを送ることになる。注文のお礼を書くのはもちろんだが、注文の内容や届け先を確認し、銀行振込の場合は口座番号を知らせる、といった必要最低限の情報は忘れずに伝えたい。

① サンクスメールのテンプレート

XXXX 様

「熊猫茶葉」店主の水野基義です。
この度は当店をご利用いただき、誠にありがとうございました！

さて、いただきましたご注文は、下記の通りとなっております。
念のため、ご確認くださいませ♪

――――――――――――――――――――――――――――――
■ご注文内容です
――――――――――――――――――――――――――――――

[ご注文日時: 200X/XX/XX XX:XX:XX]

氏名: XXXX 様
E-Mail: xxx@xxx.xxx
電話番号: XXX-XXXX-XXXX0
郵便番号: XXX-XXXX
住所: XXXXXXXXXXXXXXXXXXXX
ご要望: 不在時は宅配ボックスに入れてください。
お支払い方法: 銀行振込【前払い】
お届け時刻: 10～12時

お届け先(下記の指定がない方は上記のご住所にお届けします)
氏名:
電話番号:
郵便番号:
住所:
上書き:

[ご注文内容] ※すべて税込価格です。

1
商品番号: XXXXXX
商品名: XXXXX
数量: 1
単価: ¥2900
金額: ¥2900
2
商品番号: XXXXXX
商品名: XXXXX
数量: 1
単価: ¥2000
金額: ¥2000

お買上小計　= ¥4900
送料　　　　= ¥800

お買上合計　= ¥5700

2 サンクスメールのテンプレート（つづき）

■当店ではお買い上げ小計¥5000以上の方は送料無料とさせていただいております。あと少しで¥5000という方はぜひこちらから低単価商品を追加ご注文ください。 http://xxx.xxx.xxx/xxxx.html

――――――――――――――――――――――――――――――
■ご要望について
――――――――――――――――――――――――――――――

ご要望: 不在時は宅配ボックスに入れてください。

>>かしこまりました♪仰せの通り、配送業者に指示させていただきます。
何卒ご安心の上、商品の到着をお待ちいただければ幸いに存じます。

――――――――――――――――――――――――――――――
■お支払い＆発送について
――――――――――――――――――――――――――――――

【銀行振込をご指定のお客様は・・・】

こちらの当店口座まで、お買い上げ合計金額「¥5700」をお振込いただければ幸いです。なお、入金確認は毎日行っておりますので、お振込いただいたことをお知らせいただかなくても構いません。

＝＝＝＝＝＝＝＝＝＝＝＝＝＝＝＝＝＝＝＝＝
ABC銀行　丸の内支店
普通口座　01234567
＝＝＝＝＝＝＝＝＝＝＝＝＝＝＝＝＝＝＝＝＝

ご入金いただきましたら、在庫のある商品についてはすぐ・在庫切れの商品が含まれていた場合は、そちらの再入荷後すぐに、発送させていただきます。なお、ご入金確認の翌日と商品を発送させていただいた当日には、必ずメールにてお知らせさせていただきます。
――――――――――――――――――――――――――――――

この度はご注文いただき本当にありがとうございました。重ねて御礼申し上げます。
ご入金のほど、何卒よろしくお願い申し上げます。

[熊猫茶葉]
◎店 長　：水野基義
○住 所　：〒***-**** XXXXXXXXXXXXXXXXXXXX
○電 話　：03-****-****
○URL　：http://xxx.xxx.xxx/xxxx.html
○Email　：xxx@xxx.xxx

サンクスメール――水野からのワンポイントアドバイス

サンクスメールのポイントは二点。支払方法に関して疑問の余地のない説明を記載すること、もう一つは早く送信することだ。注文を受けてから１時間以内に送信すると対応が早いと喜ばれる。

開業直後は「後払い方式」でお客様に安心してもらう!

入金があった場合、その日のうちに入金確認メールを送るのが礼儀というものだ。入金はしたのに何も連絡がなければ、お客様は不安になってしまう。入金確認メールには、入金を確認したという情報だけでなく、発送予定日も必ず書き込むようにする。

ネットでは相手の不安を先取りして解消してあげる気配りが必要である。

71ページ「決済方法」で推奨した銀行、または郵便局の口座なら、インターネットから残高を確認できるので、家にいながらにして、お客様の入金を毎日確認できる。

ところで、サイトを開業した直後は、後払い方式にするのも手だ。というのも、お客様にとって、あなたが信用できる人物かどうかわからないからだ。できたばかりのサイトで先払いでは、やはり不安になってしまう。「後払いだと入金されないのでは?」と心配をする人もいるだろうが、私の経験では、未払いの損害より、安心感を与えたことによる売り上げの伸びのほうが大きかった。未払いの心配をするよりも、売り上げを増やすことを考えたほうが建設的である。

入金確認メールのテンプレート

××××様

「熊猫茶葉」店主の水野基義です。
先日は当店をご利用いただき、誠にありがとうございました！

また、本日(7/20)は当店口座に「¥5900」のお振込みをいただき
誠にありがとうございました。速やかにお振込みいただきました
ことに、厚く御礼申し上げます。

ご注文の商品につきましては明日(7/21)発送させていただく予
定です。また発送いたしましたらご連絡差し上げますので、何卒
今しばらくお待ちくださいませ。

それでは、取り急ぎご連絡申し上げます。
以上何卒よろしくお願い申し上げます。

[熊猫茶葉]
◎店 長　：水野基義
○住 所　：〒***-**** ××××××××××××××××××××
○電 話　：03-****-****
○URL　：http://xxx.xxx.xxx/xxxx.html
○Email　：xxx@xxx.xxx

入金確認メール――水野からのワンポイントアドバイス

入金確認メールは簡潔でよい。その時点でわかる範囲で、配送情報も記載しておこう。こちらもスピード対応がお客様の安心につながる。入金は毎日確認し、入金当日に必ず連絡すること。

配送完了メールは「お礼」＋「リピーターになってもらう一言」

配送完了メールは、商品を発送した当日に送信する。手はかかるが、少なくとも荷物番号や到着予定日はすべて記入するようにしよう。

また、このメールがお客様に対する最後のアピールとなる。お店のセール情報や他の出品商品の案内、掲示板へのお誘い、アンケートなども、ぜひ盛り込んでおこう。うまくいけばリピーターになっていただけるし、今後のサイト運営に役立つ情報が入ってくるかもしれない。

なお、在庫が確保されており即発送できる場合は、入金確認メールと配送完了メールを統合しても構わない（入金を確認しましたので発送しましたという内容になる）。また、注文が入った時点で、荷物番号を確定し「ご入金確認後、即日で発送します。お荷物番号はXXXです」というメールを送ってしまえば、サンクスメール一本でお客様とのやり取りを終わらせることもできる。いずれにせよ、お客様へのメールは店主にとってアピールのしどころ。誠意とともに自店アピールをしっかり載せて送ろう。

① 配送完了メールのテンプレート

XXXX 様

「熊猫茶業」店主の水野基義です。
先日は当店をご利用いただき、誠にありがとうございました！

本日(7/21)、ご注文の商品を発送させていただきましたので、
配送情報をお知らせさせていただきます。
―――――――――――――――――――――――――――
■お届け日：7月22日(木曜日)
　　　　[配送状況により翌日になる場合もございます]
■お届け時間帯：10～12時
■お荷物番号と追跡URL(佐川急便)：XXXX-XXXX-XXXX
　http://xxx.xxx.xx.xx/xxxxx.cgi
■佐川急便問合TEL[全国]：XX-XXXX-XXXX
▲お届け先地域の佐川急便配達店に直接お電話いただくこ
　ともできます。各配達店の電話番号につきましては、お
　手数ですが上記のURLからご検索ください。
―――――――――――――――――――――――――――
「◎◎(商品名)」の素晴らしい味と香りを心行くまでご堪能いただければ
幸いに存じます。またご不明な店等ございましたらお気軽にお問い合わ
せくださいね。

■店主へのお問い合わせ
xxx@xxx.xxx

ただ今、¥5000以上お買い上げいただいたお客様限定セールを開催中
です。ぜひ次回ご来店の際にはお立ち寄りください。
■当店VIP限定セール(X/Xまで)
http://xxx.xxx.xx.xx/xxxxx.html

ぜひ、当店の掲示板にも遊びに来てくださいね♪
■当店の掲示板
http://xxx.xxx.xx.xx/xxxxx.html

―――――――――――――――――――――――――――
★商品が届きましたら【アンケート】にご協力ください★
　　ご協力のほど、よろしくお願い申し上げます。
―――――――――――――――――――――――――――
皆様のご意見をもっともっと、当店の運営に反映させていただく
ために、どうか以下のアンケートにご協力いただけませんでしょ
うか(もちろん強制ではございません)。

以下アンケートです。選択肢のうち当てはまるものだけを残して
ご回答いただき、残りは削除[Delete]して、ご返信ください。そ
の他、質問や選択肢と関係なく、お気軽に思うところを書いてい
ただいてもかまいません。私だけが読むアンケートですので、何
卒お気軽にご返信くださいね。

2 配送完了メールのテンプレート(つづき)

■Q1: 当店をお知りになった契機は？

○知人の紹介
○雑誌(雑誌名:　　　　　　　　)
○Yahoo
○Google
○その他のホームページ
(URL:　　　　　　　　　　)
○その他
(　　　　　　　　　　　　)

■Q2: 当店へのご要望など

○追加してほしい商品がございましたらご記入ください。
(　　　　　　　　　　　　)
○追加してほしい記事(読み物)がございましたらご記入ください。
(　　　　　　　　　　　　)

■Q3: 当店の価格はいかがでしょう？

○高すぎる
○まあまあ高い
○普通
○まあまあ安い
○安すぎる
[他に質問項目を足しても構いません]。

以上でアンケート終了です。アンケート部分を新規メールにコピー＆ペーストして【 xxx@xxx.xxx 】までお送りください。
あたたかいご協力本当にありがとうございました・・・。

それでは、当店をご利用いただき本当にありがとうございました。
またのご来店を心からお待ちしております。

[熊猫茶業]
◎店 長　: 水野基義
○住 所　: 〒***-**** XXXXXXXXXXXXXXXXXXXX
○電 話　: 03-****-****
○URL　: http://xxx.xxx.xxx/xxxx.html
○Email　: xxx@xxx.xxx

配送完了メール――水野からのワンポイントアドバイス

配送完了メールは顧客に対する最後のアピールの場。アンケートを掲載する手は有効だ。自店に対して高い関心を持つ層だけに数%の回答率も期待できる。お客様から叱咤激励をいただきサービス向上に邁進しよう。

「オークションの購入相手」に送るメール、何を書く?

「アマゾン」の「マーケットプレイス」や「ヤフー・オークション」などのようなオークションサイトでは、店舗・個人間ではなく、個人・個人間のやり取りが多くなる。

オークションサイトを通じ品物を売買する場合には、個人で店舗を開いているわけではないので、通販サイトほどアピールする必要はないだろう。

次のようなスタイルで、サンクスメール内に入金・配送の情報を記載して構わない。

原則としてサンクスメールを一通出すだけで十分だ。

「アマゾン」の「マーケットプレイス」の場合には、注文が入った時点で、買い手の住所やメールアドレスなど、配送に必要な情報が「アマゾン」から送信されてくる。

決済についても、「アマゾン」が購入者のクレジットカードから引き落とし、出品者の口座に振り込んでくれるので、あなたの銀行口座番号を知らせる必要もない。

そのために、サンクスメールを送るにしても、必要最低限の簡単なものでいいだろう。

サンクスメールのテンプレート(アマゾン)

XXXX 様

「熊猫茶葉」店主の水野基義です。
この度は当店をご利用いただき、誠にありがとうございました!

さて、いただきましたご注文は、下記の通りとなっております。
念のため、ご確認くださいませ♪

―――――――――――――――――――――――――――――――
■ご注文内容です
―――――――――――――――――――――――――――――――

[ご注文日時: 200X/XX/XX XX:XX:XX]

氏名: XXXX 様
E-Mail: xxx@xxx.xxx
電話番号: XXX-XXXX-XXXX0
郵便番号: XXX-XXXX
住所: XXXXXXXXXXXXXXXXXXXX
ご要望: 不在時は宅配ボックスに入れてください。
お支払い方法: 銀行振込【前払い】
お届け時刻: 10〜12時

お届け先(下記の指定がない方は上記のご住所にお届けします)
氏名:
電話番号:
郵便番号:
住所:
上書き:

[ご注文内容] ※すべて税込価格です。

1
商品番号: XXXXXX
商品名: XXXXX
数量: 1
単価: ¥2900
金額: ¥2900
2
商品番号: XXXXXX
商品名: XXXXX
数量: 1
単価: ¥2000
金額: ¥2000

お買上小計 = ¥4900
送料 = ¥800

お買上合計 = ¥5700

サンクスメールのテンプレート(ヤフー・オークション)

こんにちは、茶色熊猫(出品者名)こと水野基義(自分の本名)です。

本日は私の出品した『XXXX(商品名)』をご落札いただき本当にありがとうございました。

まずは心から厚く御礼申し上げます。

さて早速ではございますが、お品代¥4900(送料¥500・消費税5%込)を下記口座まで

お振込みいただければ幸いに存じます。

===================
ABC銀行　丸の内支店
普通口座　01234567
===================

お振込みいただきました後、こちらのメールに返信する形でお届け先の郵便番号・ご住所・お名前・お電話番号・お届け希望時間(10時～24時まで・2時間刻み)をお知らせください。

なお商品はご連絡いただきました当日ないし翌日に、○○宅急便にて発送させていただきます(※1)。ご連絡いただいた日を含めて、土日祝除く3日以内(※2)にはお届けできるはずでございますので、何卒到着を楽しみにお待ちいただければ幸いに存じます。

※1:商品を発送させていただいた当日に「評価」を入れさせていただきます。こちらもご確認くださいませ。

※2:それ以降の日でよろしければ到着日ご指定も承りますので、上記のご連絡時にお申し付けください。

その他、ご不明な点等ございましたらどうぞお気軽にお問い合わせください。

お問い合わせ: xxx@xxx.xxx

それでは、また機会がございましたら宜しくお願い申し上げます。

水野基義
○住所　:〒***-**** XXXXXXXXXXXXXXXXXXXXX
○電話　:03-****-****
○URL　:http://xxx.xxx.xxx/xxxx.html
○Email　:xxx@xxx.xxx

「ヤフー・オークション」の場合は、注文が入った時点で、買い手のメールアドレスだけが知らされる。そのために、品物を発送するためには、買い手の郵便番号、住所、名前、電話番号などを聞かなくてはならない。

91ページのような感じで、失礼にならない聞き方にしよう。

このメールでは、銀行口座による決済をする場合の例をあげてある。買い手がクレジット決済の「ヤフー・ペイメント」を利用していれば、もちろん銀行口座を知らせる必要はない。

また、メールの文中に「評価」という言葉が出てくるが、これについては3章124ページの「ヤフオク『月一〇万円の必勝法10』」で説明することにしよう。

さあ、これで儲ける準備は整った。

3 ゴミが「宝の山」に！ オークションで儲ける「週末副業術」

1 ネットオークション「何を」「どうやって」売る？

やり方さえ間違えなければ「月一〇万円」は可能！

インターネットを使って、手っとり早く儲けようと思うならば、オークションサイトが一番だ。

というのは、自分で通販サイトを立ち上げる手間がかからず、売りたい商品を示された手順通りに登録するだけでいいからだ。思い立ったら、今すぐにでも出品ができる。

もっとも、手間がかからないぶんだけ、通販サイトのように月に何百万円という大儲けをすることはむずかしい。自前のホームページで勝負する通販サイトと違って、ほかの出品者と差別化しにくいため、固定客を次々に囲いこんで売上を伸ばしていくという作戦がとれないためだ。

それでも、月に数万円程度ならオークションサイトでも稼げるし、やり方によっては数十万円という儲けを出すことも可能である。

そこで本書では、数あるオークションサイトの中でも、人気の高い「アマゾン」の「マーケットプレイス」と「ヤフー・オークション」を取り上げて、それぞれのサイトで稼ぐための必勝法を紹介していくことにしよう。

この必勝法は、私が両者のオークションに参加し、そのシステムを徹底的に研究して編み出したものである。この必勝法にしたがえば、月一〇万円という売上目標は、数カ月もしないうちに達成できるはずだ。

もちろん、通販サイト開設を目指している人にとっても、オークションサイトへの参加は意味がある。インターネットでの売買や、見知らぬお客様とのやり取りなど、いい経験になるに違いない。

かくいう私も、オークションサイトをしばしば利用している。もっとも、出品しているのは、通販サイトで販売している中国茶ではなく、おもに読み終わった本である。

それでも、値段のつけ方、買い手とのやり取りなど、今でも学ぶべきことは多い。

もしかすると、あなたにとってはゴミ同然の品物が、ほかの人にとっては宝の山に感じられて予想外の値段がつくかもしれない。ゴミが宝の山に変わることがあるのも、オークションサイトの楽しみである。

「不要品を売る」→「中古品を仕入れて売る」で儲けを増やす！

もっとも、家にある不要なものをオークションに出すだけではたかがしれている。売るものがなくなってしまえば、それでおしまいである。

オークションサイトで本格的に金儲けをしようと思うのならば、商品の仕入れを行なって、定期的にオークションに出品することをお勧めする。

たとえば、古本屋を回って値打ちのありそうな本を仕入れ、それより高い値段でオークションに出品してみるというのもいいだろう。

実店舗の開店セール等で目玉商品を購入して、それを出品するというのでもいい。

こうして、仕入と販売を繰り返していくことで、継続してオークションサイトでの副業を続けることができるわけだ。

ただし、中古品を仕入れて販売する場合には、あらかじめ「古物商」の許可を取っておこう（6章243ページ「ユーズド商品」参照）。ただし、自分が使った中古品を売る場合には不要だ。

こうして副業が順調に進み、月間の売上が一〇万円を超えたら、自前の通販サイトで十分にやっていける。自信を持って、通販サイトへのステップアップを考えよう。もちろん、自前の通販サイトを始めた場合でも、オークションサイトを続けても構わない。そのぶんだけ、販売のルートが増えることになるからだ。現に、通販サイトを立ち上げた後も、支店のような形でオークションサイトを利用している人も少なくない。

「確実性のアマゾン」「意外性のヤフオク」と考える！

「アマゾン」の「マーケットプレイス」と「ヤフー・オークション」には、それぞれ特徴がある。具体的な必勝法を紹介する前に、それぞれの特徴について簡単に説明しておこう。

まず、販売できる商品の種類に違いがある。

「ヤフー・オークション」では、違法な商品や一部の販売禁止品を除いて、書籍やCDをはじめとして、自動車、不動産に至るまで、ありとあらゆるものがオークションの対象になる。

これに対して「アマゾン」の「マーケットプレイス」では、書籍、CD、パソコン、電化製品など、同社のホームページのカタログに紹介されている商品が基本的に対象となる。そのため、同じ書籍であっても、「アマゾン」では何十年も前の本や、超レア本は対象にならないことがあるので注意してほしい。

値段のつけ方にも、両者には違いがある。

「アマゾン」の「マーケットプレイス」では、出品者自身が固定した値段をつけることになっており、買い手側が値つけをすることはできない。購入は早い者勝ちである。古本屋や中古CD屋のようなシステムと考えたほうがいいかもしれない。

これに対して、「ヤフー・オークション」は、文字どおり「オークション」である。出品者が希望価格をつけることは可能だが、基本的に買い手側が値段をつけていく。そして、時間内にもっとも高く値段をつけた人に購入の権利が発生するというシステムだ（固定した価格をつけることも可能）。

こういった違いがあるので、「アマゾン」で売れるものは「アマゾン」で売り、「アマゾン」のカタログにない商品と、固定価格で販売してはもったいないレアな品物は「ヤフー・オークション」に出品するのがよい。

というのも「ヤフー・オークション」では、予想外の高値で競り落とされる可能性があるからだ（もちろん、期待に反して安値で買い取られてしまうこともありうる）。一方、時間がかかってもいいから、確実に自分の希望価格で売りたい場合には、「アマゾン」の「マーケットプレイス」に出品するのがいいだろう。

それでは、この二つのオークションサイトについて、詳しい販売の手順や方法を紹介していこう。解説をよく読んで、自分が扱う商材に合った売り方を選んでいただきたい。

2 月一〇万円の必勝法——アマゾンの場合・ヤフオクの場合

アマゾンで「確実に儲ける」基本

「アマゾン」の「マーケットプレイス」で扱える商材は、中古の書籍、CD、DVD、家庭用ゲーム、中古家電・パソコンソフトなどだ。もちろん、開封前の新品や、新品同様の品を売ることもできる。

なんといっても、「アマゾン」で便利なのは、出品手続が簡単なことである。「Amazonペイメント」という決済システムに登録さえしていれば、ものの一分で出品の登録ができる。

「Amazonペイメント」への登録自体も、クレジットカードさえあれば簡単だ（くわしくは「アマゾン」の「ヘルプ」内の「入金（Amazonペイメント）」を参照）。

そして、購入者もすべて「Amazonペイメント」に登録していることが前提なので、決済方法にも面倒がない。売買が成立した時点で、決済はクレジットカードで自動的に行なわれるからだ。

そのため、出品者にとってはサンクスメールの送信と配送以外はほとんど手がかからない。はじめてインターネット上の売買を練習するには、もってこいのサイトといえよう。

もう一つ「アマゾン」利用のメリットは、出品料がかからないことだ。ただし、成約時に一〇〇円＋販売価格の一五パーセント（「エレクトロニクス」の商品は一〇パーセント）が成約料として徴収される。

一方、「アマゾン」のデメリットは、前述のように、出品できる商品がホームページのカタログに掲載されているものに限られる点である。カタログに掲載されていない商品は、「ヤフー・オークション」や、そのほかのオークションサイトで販売するようにしよう。

それでは、「アマゾン」の「マーケットプレイス」への出品までの手順を、次のページから画面を追って説明していこう。

❶「商品」「メーカー」を検索

http://www.amazon.co.jp/

❶まず、「Amazonペイメント」に登録したあと、出品したい商品が、カタログに掲載されているかどうか調べる。そのために、トップページから商品名（書名）やメーカー（出版社）、著者の名前などで検索しよう。

❷「出品する商品」を選択

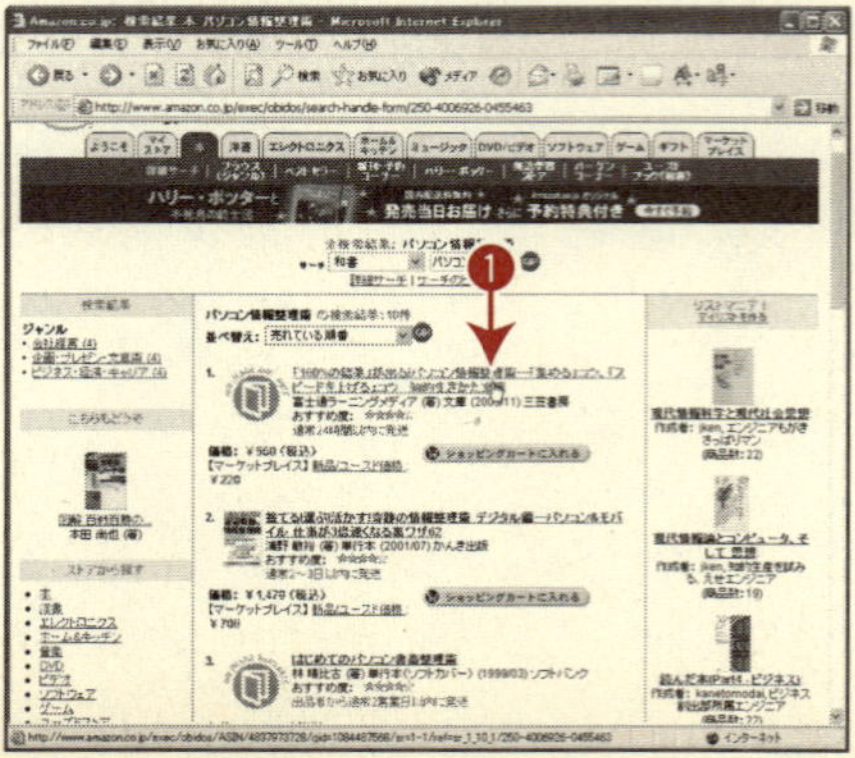

❶検索に該当するものが複数見つかったら、その中から選んでクリックする。

❸「出品する商品」を確認

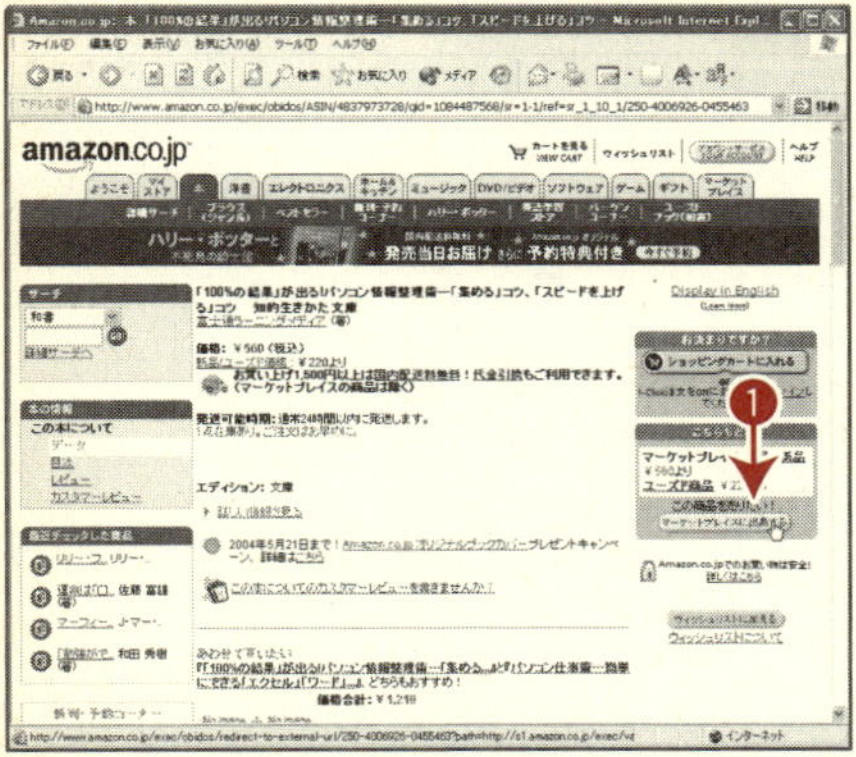

❶表示された商品に間違いないことを確認して、画面右にある[マーケットプレイスに出品する]をクリック。

❹「商品説明」を入力

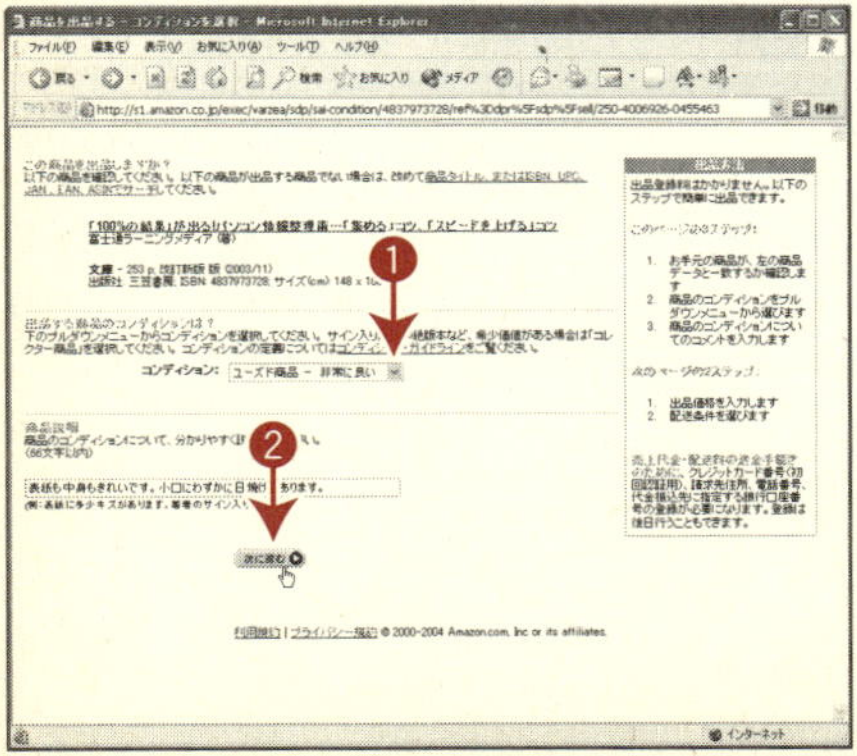

❶［出品する商品のコンディション］をプルダウンメニューから選び、次に商品説明を入力する（それぞれの内容については、106ページ「アマゾン『月10万円の必勝法10』」でくわしく説明する）。
❷入力が終わったら、[次に進む]をク

5 「出品価格」を入力

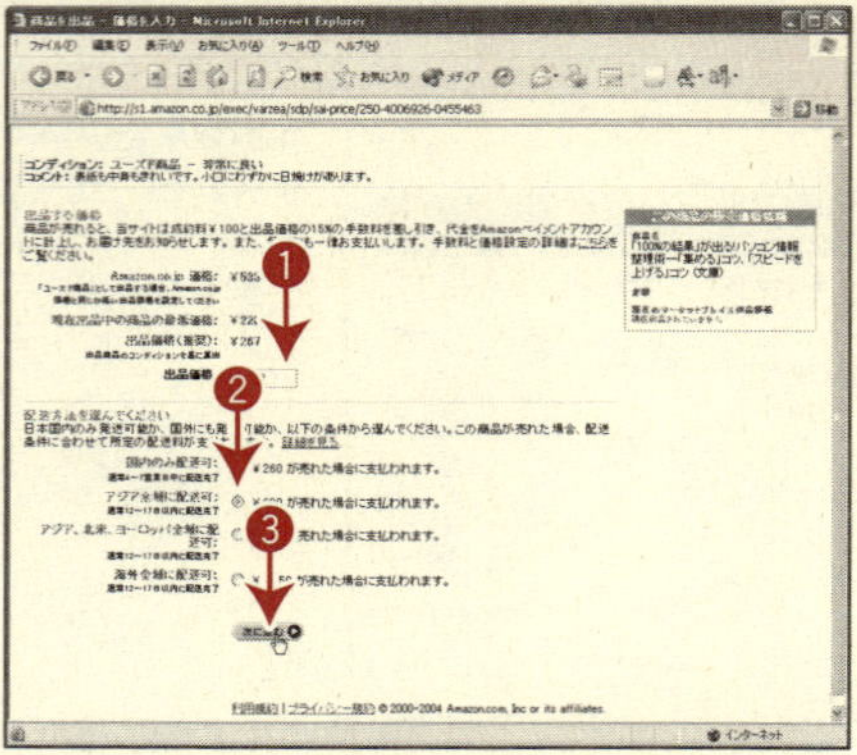

❶［出品価格］を入力する。
❷次に［配送方法］を選択する。配送先を国内に限ることもできるし、海外を対象にすることもできる。
❸入力が終わったら、［次に進む］をクリック。

6 登録作業をする

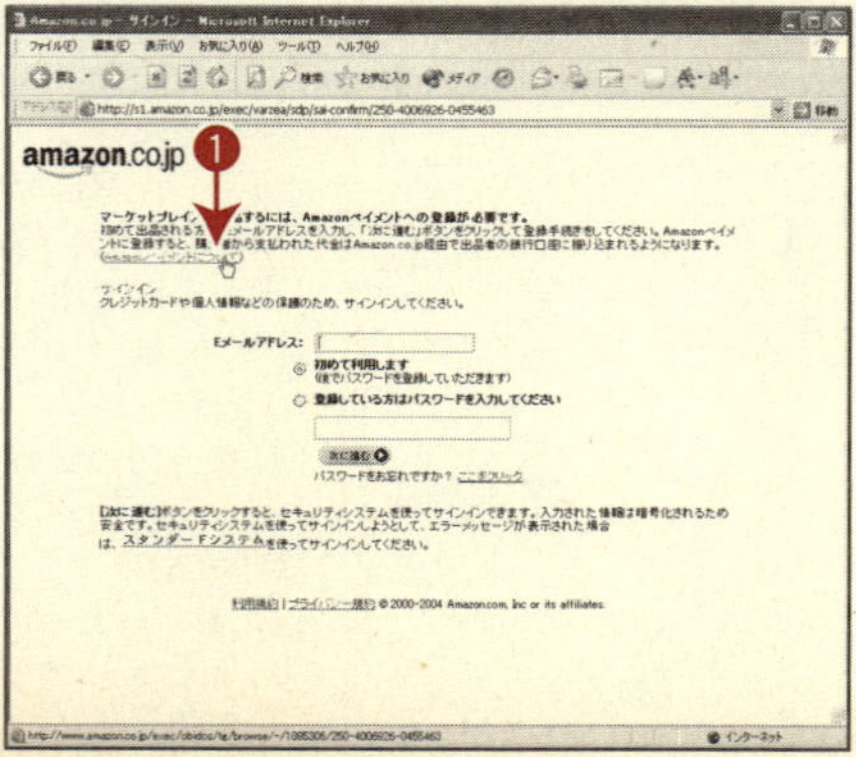

❶まだ「Amazonペイメント」に登録していないと、この画面が出る。［Amazonペイメントについて］をクリックして、登録作業をしよう。

7 作業完了

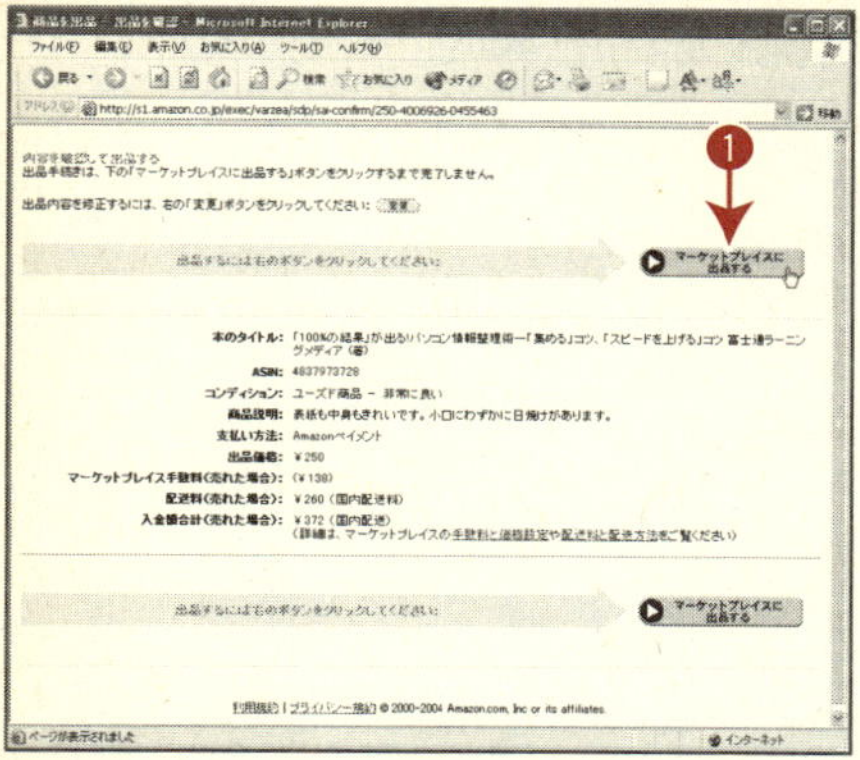

❶すでに「Amazonペイメント」に登録しているときは、すぐにこの画面に移る。内容を確認して、[マーケットプレイスに出品する]をクリックすれば、出品までの作業は完了だ。

出品の手続が終わると、新品のページから、あなたの出品した中古品にリンクが張られる。あとは、注文を待つだけだ。

買い手がつき、「アマゾン」からそのお客様へのクレジットカードの請求が完了すると、「アマゾン」から「商品を発送してください」というメールが送られてくる。そのメールには、お客様の氏名やメールアドレス、住所など、発送や連絡に必要な情報が書かれているはずだ。

メールを受け取ったら、すぐにお客様にサンクスメールを送信し、すみやかに商品を発送しよう。

代金は、「Ａｍａｚｏｎペイメント」への登録完了から二八日後に支払いが開始され、以後は二八日ごとに支払われる（プロマーチャントはそれぞれ一四日後）。また、商材の種類と配送先に応じて、規定の配送料も「アマゾン」から支払われる。

アマゾン「月一〇万円の必勝法10」——まず「出品者の評価」に注意！

2章58ページ「ネットビジネス」では、お客様の信頼を高める方法を紹介したが、それ以外にも、「アマゾン」のシステムを踏まえた必勝法がある。

そのポイントとなるのが、買い手によってつけられる、出品者への「評価」だ。この評価が高ければ高いほど、その後の販売に有利に働く。いや、それどころか、この評価こそが「アマゾン」での販売のすべてだといっても過言ではないほどだ。そのために、出品者にとっては、評価をすこしでも高くする努力が必要となってくる。

そこで、確実に評価を上げるための一〇カ条を紹介しよう。これを頭に入れておけば、「アマゾン」の「マーケットプレイス」で間違いなく儲けることができるはずだ。

①「キズや汚れ」は正直に申告する

「アマゾン」の「マーケットプレイス」では、商品説明文を六六文字以内にまとめないといけない。その中で商品の状況を、なるべくくわしく正確に書くことが大切だ。とくに、キズや汚れの状態は正直に申告すること。さもないと、あとで商品が返品されたり、あなたの評価がマイナスになったりすることがあるからだ。もちろん、商品に特典が含まれている場合には、忘れずに書き込んでおこう。

たとえば、本の場合ならば、次のように書く。

「表紙に若干折れ有り。中のページには目立った傷み、線引きはありません。帯付です」

もう一つ、ゲームソフトの例も示しておこう。

「箱・説明書・初回特典（携帯ストラップ・未開封）つき。目立ったキズや汚れはありません」

②売値は「アマゾン新品価格の八掛け」が目安

「アマゾン」の「マーケットプレイス」の場合は、売値を出品者が決める。

その価格は、「アマゾン」新品価格の八掛け程度が目安だ。「出品する価格」を入力するときに、「アマゾン」による推奨価格が示されるが、それより高めの価格にしても買い手がつくことが多い。

商品が新品同様の場合や、あるいは自分の「評価」が星五つの場合には、たとえ九掛け以上でも、「アマゾン」の販売価格より安ければ買い手はつく。世の中には、百円でも安い価格で買いたいという人がいるのである。急いで売る必要さえなければ、強気の値つけをして構わない。

出品してから六〇日間買い手がつかないと、「アマゾン」からメールで出品終了の連絡が来る。このメールが来たら、もう一〇〜二〇パーセントほど安く値をつけて再出品してみるとよいだろう。

③「コンディションの設定」は慎重に行なう

「出品する商品のコンディション」は、プルダウンメニューから選択する。初心者はここで失敗することが多いので、注意してほしい。

つい自分の主観だけで「けっこうきれいだから、〃ほぼ新品〃と設定しておこう」などと決めてしまうと、あとでたいへんなことになる。

「アマゾン」ではコンディション設定のガイドラインが公開されており（http://www.amazon.co.jp/exec/obidos/tg/browse/-/1085248/）、それを念頭に置いて注文してくるユーザーが多いからだ。ちなみに書籍の場合、〝ほぼ新品〟のガイドラインは、「未使用で完全な状態。まだ読まれていない新品」である。

期待と異なる状態の商品を送ってしまうと、買い手から低い評価をつけられる可能性も高くなる。とくに、販売を始めた当初は、一つでも低い評価がつけられると平均値（つまり、現時点での自分の最終的な評価でもある）が大きく下がることになる。

たとえば、最初に評価五をもらったとしても、次の評価で一をつけられると、最終（＝平均）評価は五から三まで落ちてしまう。評価がすべてのオークションサイトで、これは致命的なことになる。くれぐれも注意していただきたい。

④配送に「必要以上の金」をかけない

ＣＤやＤＶＤ・ゲームソフトなどは、郵便で発送すればよい。書籍については、「冊子小包」として発送しよう。「冊子小包」で発送するには、封筒の四隅のうち一角を小さく切って中が見えるようにしたうえで、郵便局に持参すればよい。その際、個人名で発送することになるので、相手にわかりやすいよう、封筒の裏には必ず「Amazon.co.jpマーケットプレイス商品」と書いておくこと。字に自信がない人は、この場合も、印刷シール化するのがいいだろう。

トラブルを避けるため、値の張る商品は「配達証明」を使ってもよいが、「アマゾン」はクレジットカード決済が必須であるため、まずトラブルはないと考えてよい。私はこれまで二〇〇点以上の商品を「アマゾン」で販売してきたが、一度も配達証明を利用したことはなく、それでいてトラブルに巻き込まれたことは一回もない。

梱包材についても、2章71ページで述べた配送会社製の丈夫な梱包封筒だけで十分である。それでも心配な場合は、新聞紙に包もう。わざわざビニール製の包装材を使う必要はない。中古品の売買に過剰包装は求められていないのだ。そのぶん、いくらかでも商品を安くするほうがいい。納品書も「アマゾン」から来た注文確認メールをコピー&ペーストしてアレンジしたもので十分だ。

⑤「四・八から五・〇の間」を評価の目標とする

「アマゾン」の「マーケットプレイス」では、「評価」の高い出品者ほど、また評価数

「納品書」を作ってみよう

2004-7-27

納品書

マーケットプレイスの商品: 書籍「私はインターネットでこんなに稼いだ」
出品 ID: XXXXXXXXXXX
SKU:
数量: 1

購入日: 2004-7-26
発送者: xxx@xxx.xxx

発送先情報

お届け先: 山田　太郎　様
郵便番号: XXX-XXXX
都道府県: 東京都
市区町村: 千代田区
住所 1: 丸の内X－X－X
住所 2: ○○ビル1 0 1
住所 3:
国名: Japan

購入者名: 山田　花子　様

取引内容は以下のとおりです。

注文番号: XXX-XXXXXXX-XXXXXXX
出品数: 1
商品数合計: 1
出品　1: 書籍「私はインターネットでこんなに稼いだ」
http://xx.amazon.co.jp/exec/varzea/ts/exchange-glance/xxxxxxxxxxxxxxxx
出品 ID: XXXXXXXXXXX
SKU:
数量: 1
価格: ￥1900

購入者 E メールアドレス: xxx@xxx.xxx
販売日: 2004-7-27

お買い上げいただき、誠にありがとうございました。

今後ともよろしくお願い申し上げます。

の多い出品者ほど信頼される。信頼されるということは、高い価格でも買い手がつきやすくなるということだ。だから、何としても評価を四・八から五・〇の間にもっていきたいところである。

かといって、評価を上げる裏技やコツというものはない。とにかく、毎回誠意をもって対処することに限るのだ。

あえて評価を上げるチェックポイントをあげるとすれば、四点ある。「きれいな商品を出品する」「入札があったらすぐにサンクスメールを送信する」「ていねいに梱包する」そして最後に、一番重要な「即日発送する」という点である。この四点をつねに念頭に置き、地道に高評価を増やしていってほしい。

ところで、「ヤフー・オークション」では、売買が成立した際に、必ず相手に評価をつけるのが半ばマナーになっているが、「アマゾン」ではつけない人も多い。

そのため、数多く商品を売っても、評価件数はなかなか増えず、思ったように評価が高まらないかもしれない。それでも、いらいらせずに、気長にやっていく心持ちが大切だ。

⑥忙しいときは出品を「一時休止」する

「アマゾン」での商売は、評価による信頼がすべてといってよい。

だから、本業が忙しいからといって、副業の対応がおろそかになってしまうと致命的なことになる。

そこで、本業が忙しくなったら、こまめに出品を「一時休止」するのがいいだろう。サイト上でボタンをクリックするだけで、現在出品している商品すべてが検索されないようになる。販売を再開するのも同様の操作で簡単にできる。

自分の評価を何よりも大切にしようと思うなら、一時休止のシステムをうまく利用しよう。

操作手順は、次ページからの画像を参照にしてもらいたい。「アカウントサービス」の「出品用アカウント」ページで「出品を一時休止する、再開する」をクリックすることによって、簡単に出品を休止したり再開したりできる。

⑦国外にも販売してみよう

クレジットカード決済のみ利用可の「アマゾン」では、海外在住者に販売すること

① 出品を「一時休止」する手順

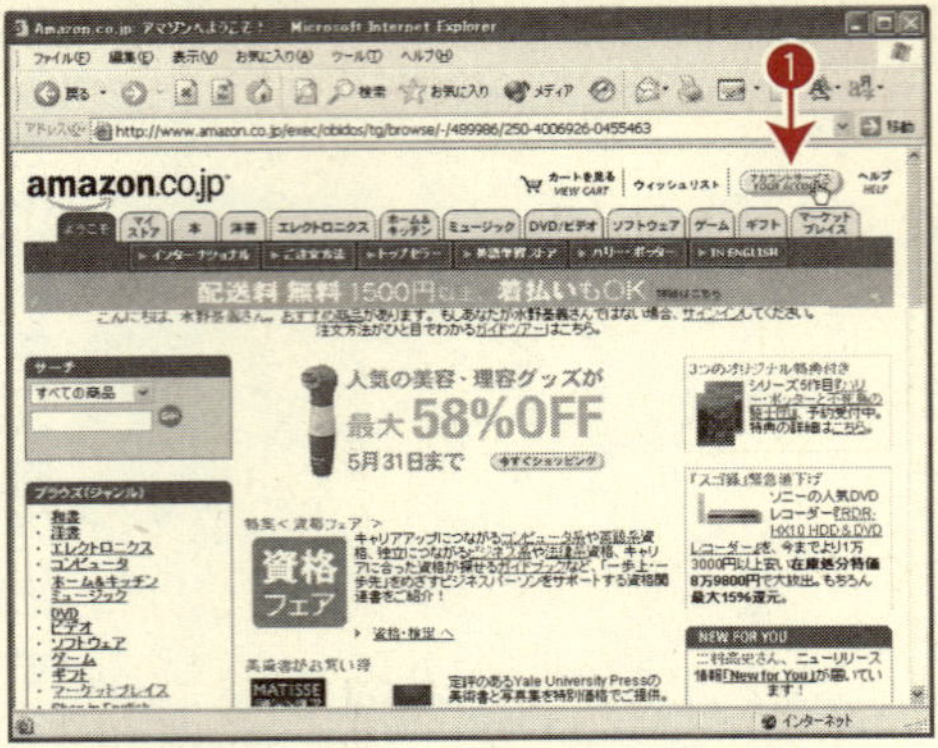

❶［アカウントサービス］ボタンをクリック（「アマゾン」のどのページでも表示されている）。

② 〔出品用アカウント〕

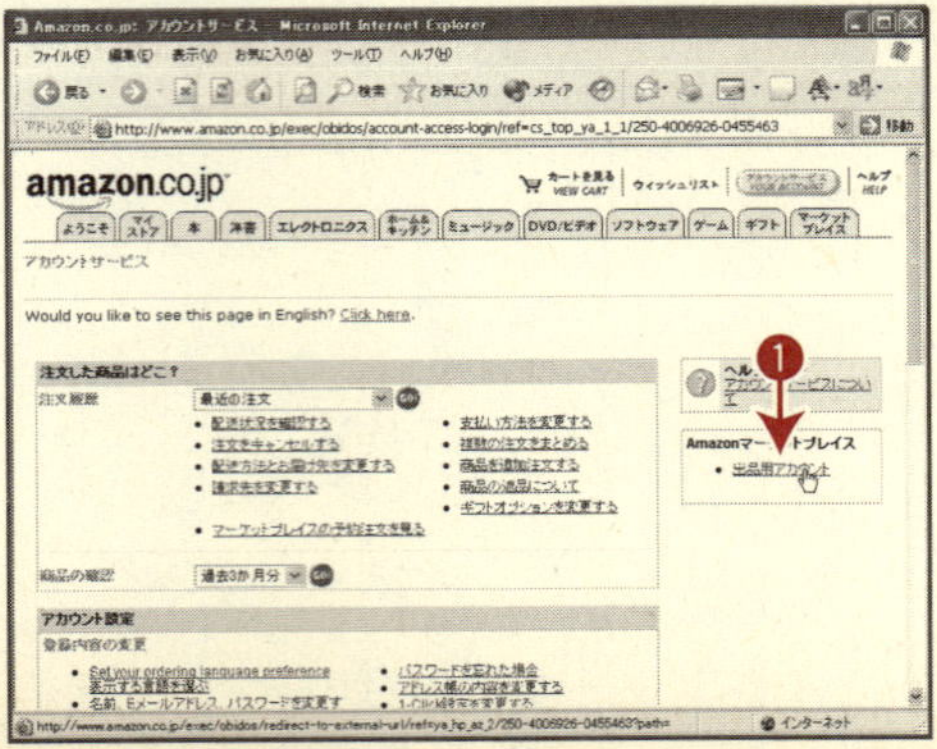

❶［出品用アカウント］をクリック。

3 〔出品リスト〕

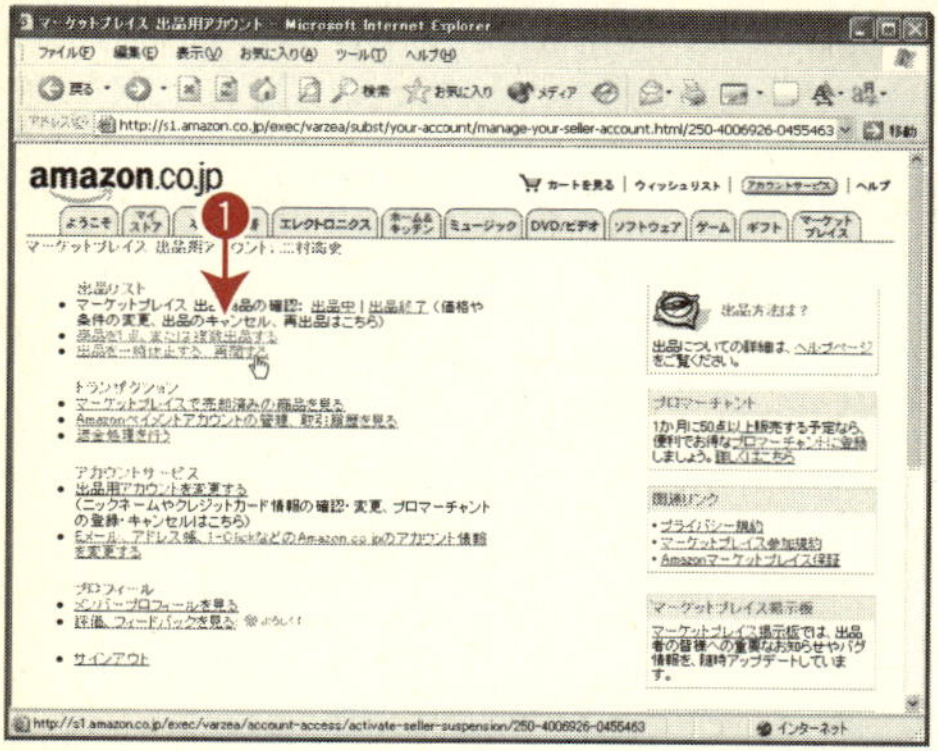

❶［出品リスト］の中から［出品を一時休止する、再開する］をクリック。

4 これで完了！

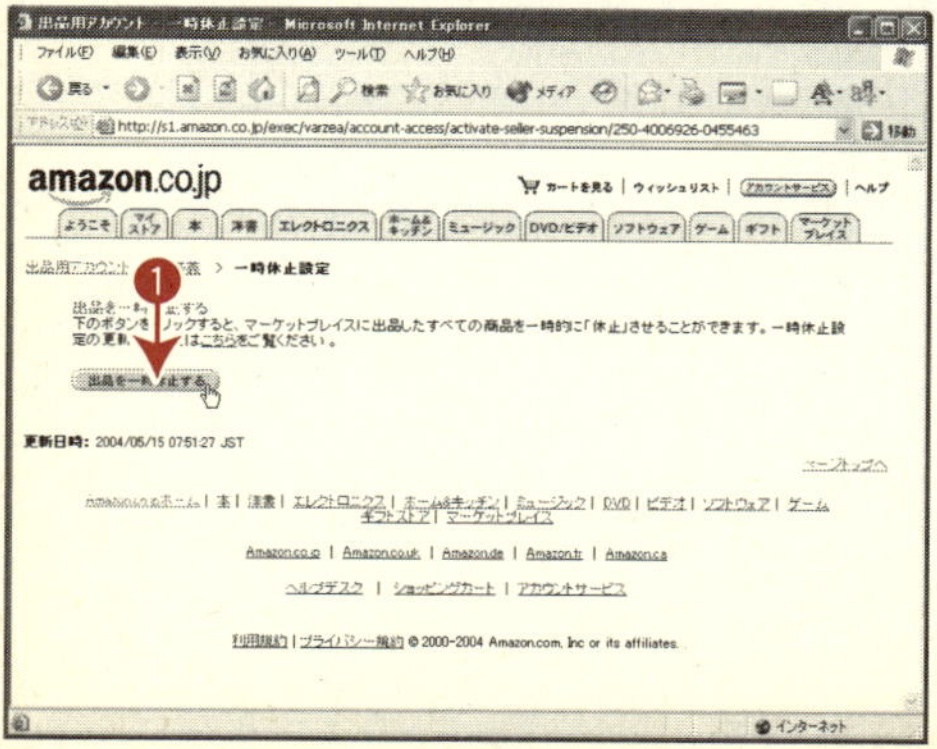

❶［出品を一時休止する］ボタンをクリックする。

も可能だ。

出品物を登録するときの「配送方法」の指定画面で、「アジア全域に配送可」「アジア、北米、ヨーロッパ全域に配送可」「海外全域に配送可」の中から選択するだけでよい。送料も、「アマゾン」が買い手から徴収してくれる。

配送手段は通常の国際郵便で十分。ただし、途中で何が起こるかわからないので、梱包は厳重に行なおう。

⑧「出品が禁止されている商品」は必ずチェックする

「アマゾン」の「マーケットプレイス」では、規約によって販売が禁止されている商品がある。

非合法商品、盗難商品のほか、著作権者の許可なく複製されたビデオや音楽、ゲーム、ソフトウェア、画像といったものはもちろんだが、プロモーション用の媒体も禁止されている。

とくに注意が必要なのはソフトウェアである。

許可されているのは、正規小売販売用のソフトのみだ。学業用、ＯＥＭ、バックアップ、ベータ版、無許可のフリーウェア・シェアウェアは出品してはいけない。ソフトウェアを販売するときには、ライセンスも同時に譲渡する必要がある。つまり、ソフトの配送に合わせて、シリアルナンバーやパスワードも同時に教えなくてはならない。

買い手がテクニカルサポートやアップグレードができない場合は、全額返金させられることもあるので注意していただきたい。

さらに、最近ではソフトを使用するときに、アクティベーションが必要なソフトが増えてきた。

これは、ソフトのコピー使用を防ぐために、ソフト会社のサーバにデータが保存されるシステムだ。この場合は、ソフトを譲渡してもそのまま使うのがむずかしい場合があるので注意が必要だ。

⑨「プロマーチャント」に登録する

副業が順調に進んで、たくさんの商品を出品するようになったら、「プロマーチャント」に登録することを検討しよう。

これは大口出品者のためのシステムで、月額四九〇〇円を支払うことによって、様々な特典がつく。

最大の特典は、成約手数料の固定部分一〇〇円が無料になることだ。商品の販売数が多くなればなるほど得になる。

また、多数の商品の出品操作や在庫管理が、一つのファイルで一括操作できる「出品ツール」の提供が受けられる。これを使えば、出品数が多くなっても、お客様への対応がとどこおることはない。

⑩「EasySeek」を使いこなす

「アマゾン」での販売に慣れたら、「アマゾン」以外のサイトでも展開していくこ

EasySeek

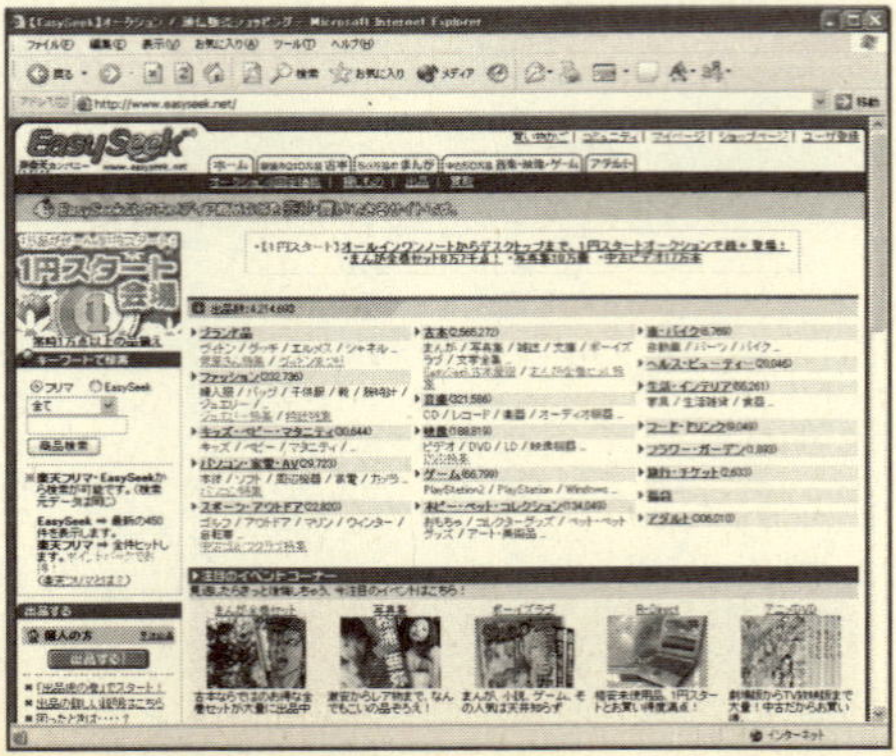

http://www.easyseek.net/

トップページの[出品する]ボタンをクリックすると、出品するための方法など、くわしい説明を読むことができる。

とを考えよう。

たとえば書籍を売る場合、お勧めのサイトは「ＥａｓｙＳｅｅｋ」だ。「アマゾン」より出品手続きに手間はかかるが、利用者数が多く、買い手もつきやすい。

とくに、絶版本やレア本については、「ＥａｓｙＳｅｅｋ」のほうが買い手が多い（アマゾンでもカタログに掲載されている商品なら、「コレクター商品」として初版本・絶版本を出品できる）。二つのサイトで並行して販売を行なえば、在庫の回転率も上がっていくだろう。

ヤフオクで「予想外に儲ける」基本

「ヤフー・オークション」の魅力は、なんといっても取り扱う商品が多いことだ。

古本、中古パソコンから、おもちゃ、貴金属類、チケット、さらには自動車、不動産に至るまで、ありとあらゆる商品がオークションの対象になっており、「アマゾン」とは比べものにならない商品数である。

中でも、中古のブランド品とレア物の出品は目玉といってもいいだろう。こういった商品は、出品者にとっても予想外の高値がつくことがあり魅力である。

また利用者も多く、二〇〇四年五月現在で約四〇五万ユーザ（ブラウザ）、そして月間取扱高は五一二億円にのぼる。

利用者が多いこともあり、品物によっては百件を超える入札が入ることもある。まさに、オークションの醍醐味を味わうにはうってつけのサイトといえよう。

一方、「ヤフー・オークション」の難点といえば、「アマゾン」と異なり、オークションの参加料と出品料がかかることだろう。

具体的にいうと、オークションの利用者全員（出品・落札とも）に、毎月二九四円の「プレミアム会員費」が必要になる。そして出品者には、一商品あたり一〇・五円（出品システム利用料）＋落札額の三パーセント（落札システム利用料）がかかる。

もっとも、商品ページの写真掲載や有料オプションなど、「アマゾン」に比べて出品者の自由になる部分も多い。本格的なオークションを経験したい人にとって、「ヤフー・オークション」はお勧めである。それでは、「ヤフー・オークション」への出品までの手順を、画面を追って説明していこう。

1 Yahoo!オークションに出品する

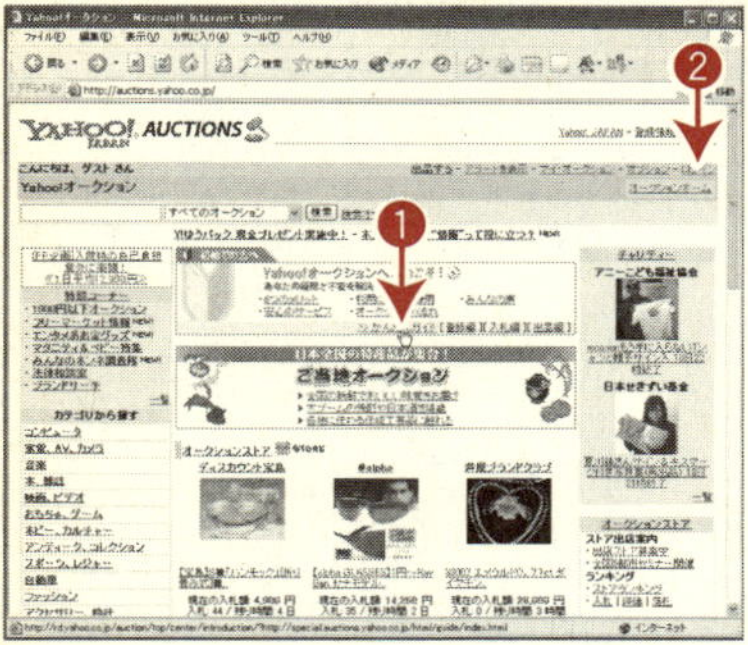

http://auctions.yahoo.co.jp/
❶はじめてYahoo!オークションに参加するときは、Yahoo!オークションのトップページから［かんたんガイド］をクリックして、Yahoo! JapanのID登録をしよう。
また、出品・落札の方法についても、ていねいに解説されているので読んでおこう。
❷すでにIDを登録してあれば、「ログイン」をクリックする。

2 ［出品する］をクリック

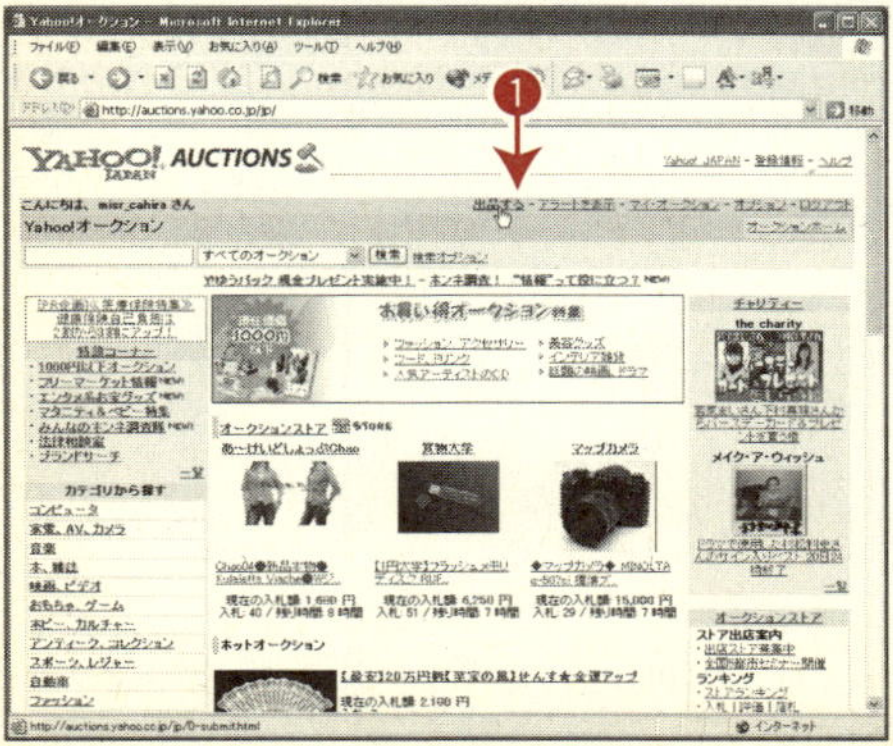

❶ IDとパスワードを入力してログインを完了したら、［出品する］をクリック。

3 カテゴリを選択

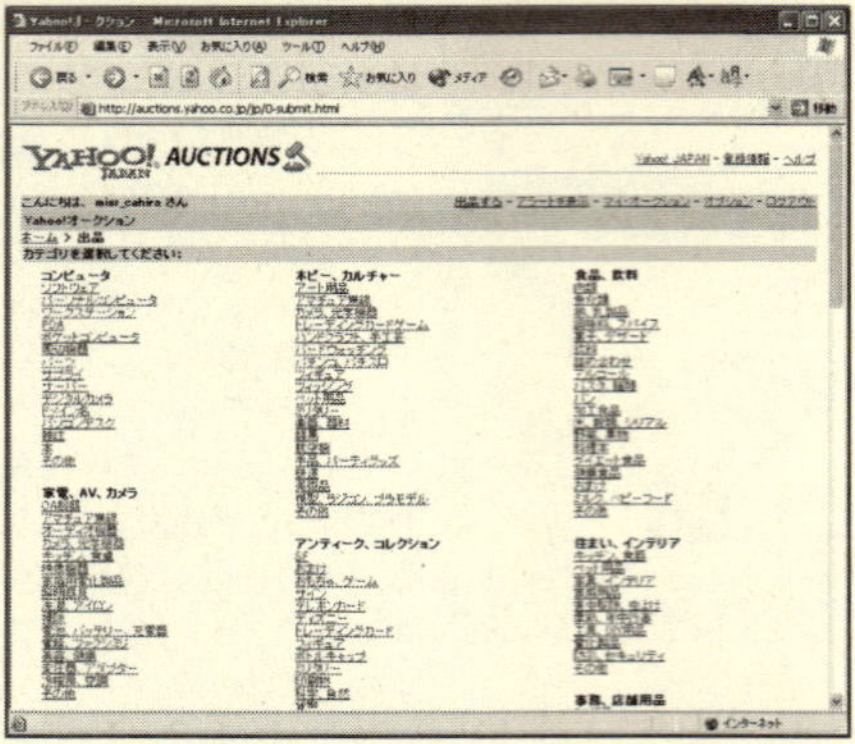

出品する商品のカテゴリを選択する。たとえば、ペンケースならば、「オフィス用品一般」を選択する。

4 システム利用料について確認

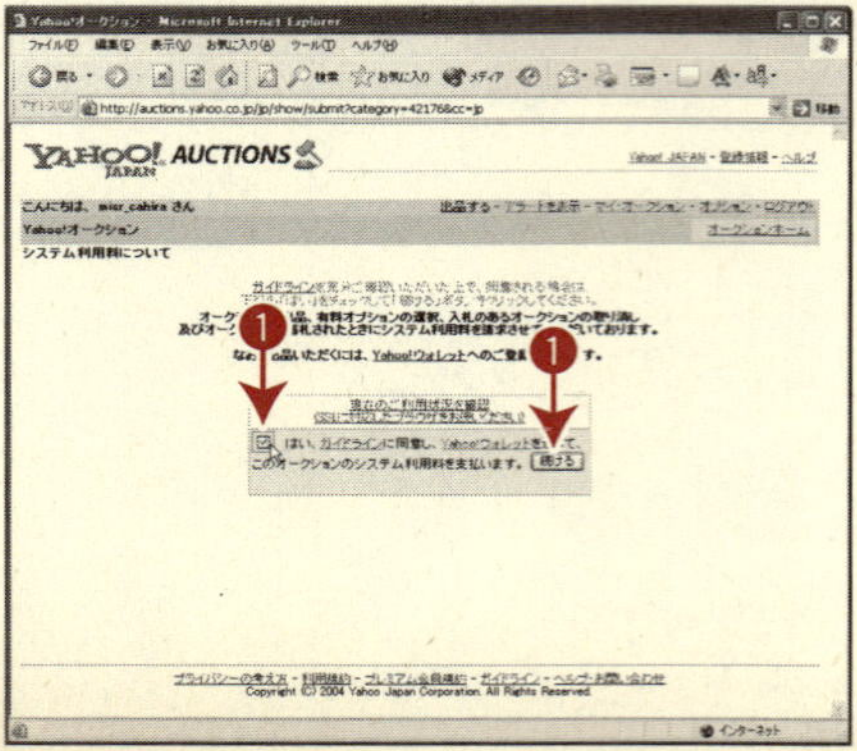

❶システム利用料について確認をしたら、[はい]にチェックを入れて、[続ける]ボタンをクリックする。

5 「商品情報」を入力

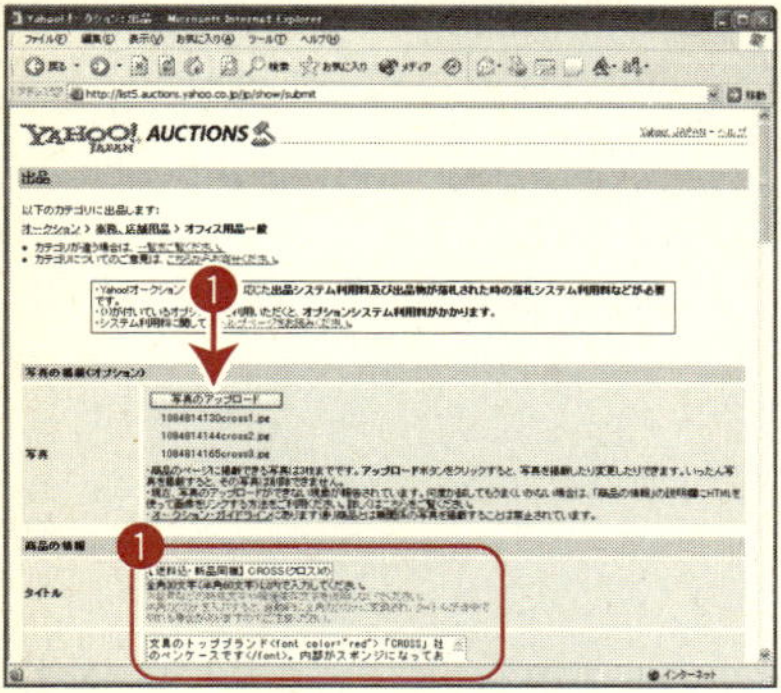

❶商品のタイトルや説明、価格、支払方法などを入力する。デジカメ画像があれば、[写真のアップロード]ボタンをクリックして指定できる。
各項目の内容については、124ページ「ヤフオク『月10万円の必勝法10』」を参照のこと。

入力が終わったら[続ける]ボタンをクリック。

6 「商品情報」の内容を確認

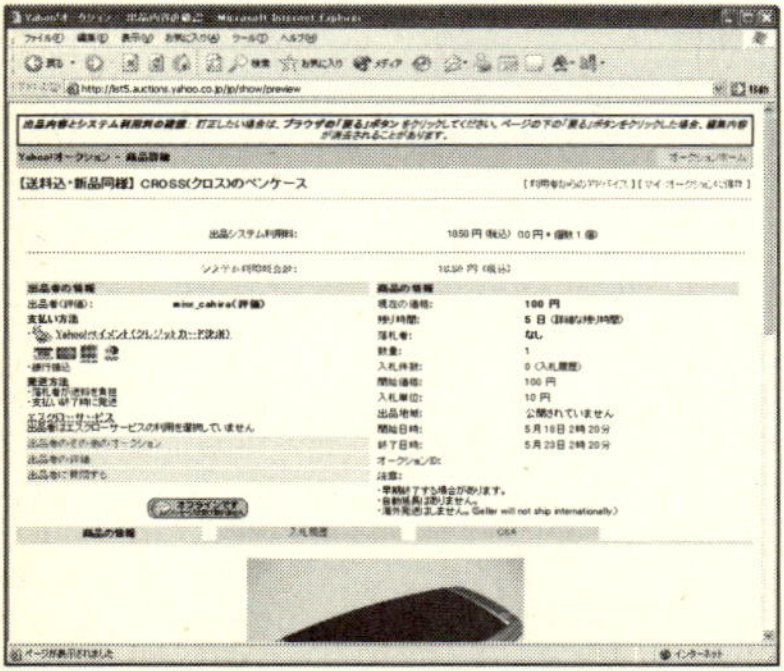

入力した内容を確認して、[利用規約とガイドラインに同意して出品する]ボタンをクリックする。これで、出品までの作業は完了だ。
いったん出品してしまうと、どんなことがあってもシステム利用料は返却されないので、入力ミスがないことをじっくりと確認しよう。

「ヤフー・オークション」の場合、出品が終わっても一件落着というわけにはいかない。あなたの出品した商品に関心のある人から、質問が寄せられるかもしれないからだ。

質問に答えるには、出品した商品のオークションページを開き、「Q&A」をクリックする。すると、回答が入力できる画面に切り替わる。質問があったときは、なるべく早く回答して、イメージをアップしよう。

また、出品後も、「オークションの管理」機能を使えば、説明の追加や販売方法・発送方法の変更は可能だ。

無事に落札されると、「ヤフー・オークション」からメールが届く。だが、2章92ページでも触れたように、お客様のメールアドレスだけが記されているだけだ。

そこで、できるだけ早くお客様にサンクスメールを送信して、氏名や住所などの必要事項をたずね、代金の支払方法や商品の発送について決定しよう。

ヤフオク「月一〇万円の必勝法10」——まず「購入者の評価」をチェック！

「アマゾン」には「アマゾン」の必勝法があるのと同様に、「ヤフー・オークション」

にも、そのシステムに応じた必勝テクニックがある。

「ヤフー・オークション」でも、やはり評価は重要なポイントになる。しかも、「ヤフー・オークション」では、出品者に対してだけでなく、購入者に対しても評価がつけられるのが特徴だ。

この点を念頭に置いて、「ヤフー・オークション」で確実に儲けるための一〇大テクニックをご紹介しよう。2章58ページ「ネットビジネス」で紹介したお客様の信頼を高める方法も合わせて参考にしてほしい。

①販売開始前に「購入者の評価」を上げておく

「アマゾン」の「マーケットプレイス」同様、「ヤフー・オークション」の場合も評価を上げるための裏技というのはない。やはり、地道にコツコツ対応していくしかないのである。

ただし、「ヤフー・オークション」では、出品者だけでなく購入者にも評価がつけられる。このことを生かさない手はない。

つまり、出品をする前に、あらかじめ購入者として「ヤフー・オークション」に参加して、出品者からいい評価をもらっておくのだ。そして、ある程度、票が固まったところで、自分が売りたい商品を出品してみよう。

評価ゼロ件の場合に比べ、はるかに食いつきがよくなるはずだ。

②「商品タイトル」が検索に引っかかるよう工夫する

商品の「タイトル」に、目を引く言葉を使うのはもちろんのことだが、それだけでなく、トップページからの検索に引っかかるように工夫するのが大切だ。

というのも、トップページからの検索では、タイトルだけが対象であって、商品説明文は対象となっていないからだ。

たとえば、タイトルを「LOUIS VUITTON財布」としただけでは、「ルイ・ヴィトン」という言葉で検索した人には見つからないことになる。そこで、タイトルを「ルイ・ヴィトンの財布（LOUIS VUITTONの二折り札入れ：型番M61823）」といった具合にするわけだ。

タイトルに工夫が必要なのは、ほかにも理由がある。それは、「キーワードアラート」機能を活用している利用者への対策だ。これは、タイトルに特定の言葉が含まれた商品が出品されたときに、メールで通知してくれる機能である。そんな利用者のことを考えて、型番も忘れずに記入しておこう。

いずれにしても、大量の商品の中から探し出してもらえるように、商品タイトルはよく考えてつけること。もちろん、販売方法で目を引きたい場合は、タイトルの先頭に【送料無料】【￥1～】といった言葉も置いておくといい。

③商品説明はできる限りくわしく行なうのが基本

「ヤフー・オークション」では、「アマゾン」の「マーケットプレイス」と違って、出品した商品についてくわしい説明ができるのがメリットだ。

最大の違いは、画像が掲載できるという点だろう。さらに、商品説明文にＨＴＭＬタグが使える――つまり文字の色や大きさを変えたり、リンクを設定したりできるわけだ。逆にいえば、慣れた出品者と初心者の差がつきやすいので注意が必要である。

画像については、一枚といわず最大限度の三枚までしっかり使おう。商品を様々な角度から撮影して掲載すること。

トラブルを避けるために、傷や変色のような瑕疵《かし》がある場合は、その点もアップで撮影しておこう。

説明文については、客観的な情報だけでなく、主観的な情報を含めて掲載しよう。送料負担やキャンセル・返品規定についても明記すること。たとえば、本の場合には、次のようにくわしく説明したい。

「現在、絶版です。外函付きですが、多少のスレやキズがあります。また帯に2センチほどの切れがあります。本体には、とくに目立つ痛み、汚れ、スレなどはありません。並程度と思いますが、あくまでも古書であることをご理解いただき、状態に神経質な方は入札をご遠慮下さい。送料は当方で負担をいたします。また、

商品説明の例

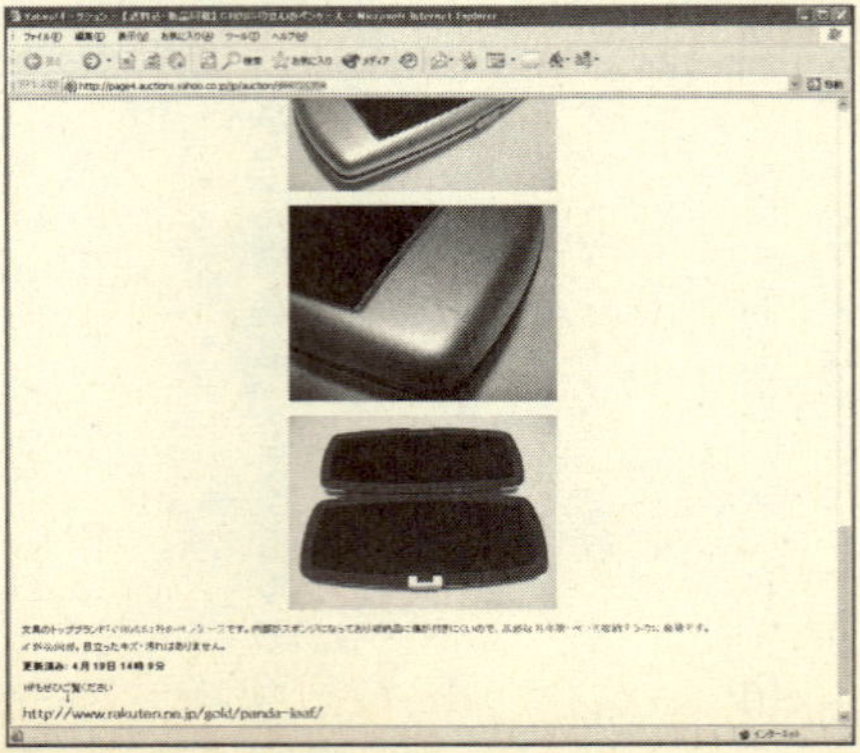

デジカメ写真は、写りの善し悪しによってイメージがまったく変わるものだ。光線の具合や影、背景、ボケ味に注意して撮影しよう。

上記以外の大きな瑕疵《かし》があった場合は、ご返送ください。その場合の送料は当方が負担いたします。」

説明文内では、ＨＴＭＬタグもぜひ活用したい。詳細な説明文には、＜ｆｏｎｔ＞タグを使って文字の色や大きさを変えてアクセントをつけよう。できれば、＜ｔａｂｌｅ＞タグを活用してレイアウトを整え、文章を読みやすく配置したい。

また、初回出品時までに自己紹介文を作り込んでおくこと。

この出来があなたへの信頼度を左右する。自己紹介文を編集するには、トップページから「オプション」→「自己紹介欄の編集」の順にクリックする。

オークション統計ページとは？

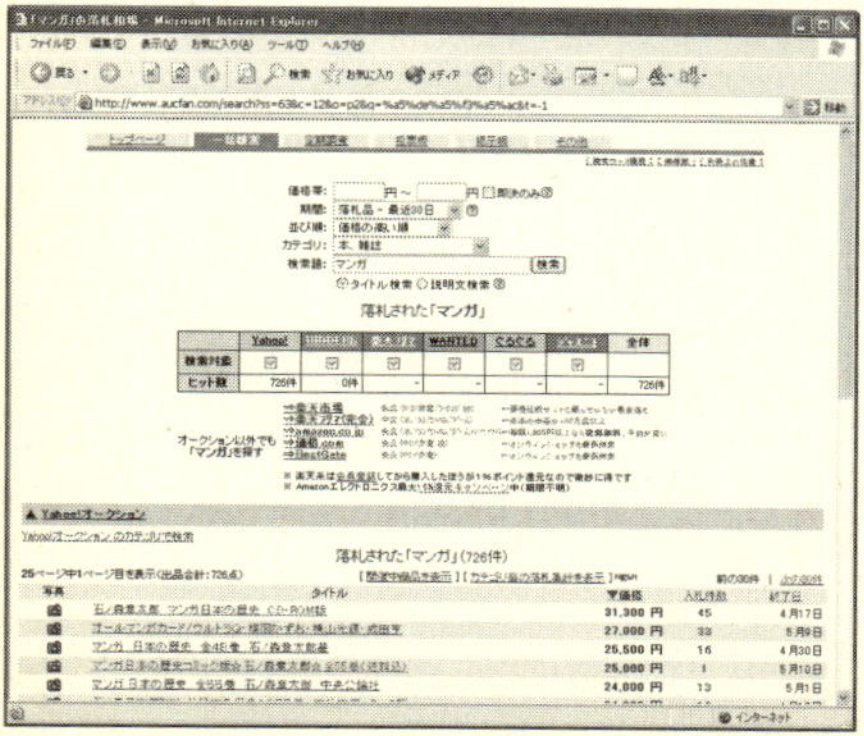

http://www.aucfan.com/
上記のトップページから「落札相場検索」を選択した画面。「Yahoo!オークション」だけでなく、「ビッダーズ」や「楽天フリマ」などのオークションサイトを対象に、期間やカテゴリを指定して落札価格を検索できる。

④「開始価格」は無理をしない

「ヤフー・オークション」では、オークションの開始価格を一円に設定している商品が少なからずある。これで、参加者の目を引くわけである。

たしかに、人気商品であれば一円でスタートしても問題ないが、あまり入札者がつかないような商品では無理をしないほうがいい。へたをすると、数円で落札されてしまうこともあるからだ。

途中でオークションを中止することもできるが、その場合には、出品取消システム利用料として五二五円を支払わなければならない。

そもそも、一円スタートの商品は今では珍しくないので、それ自体に決定的なインパクトはない。はじめは無理せずに、スタート価格を高めに設定して、ほかの方法で買い手の目を引きつけるほうが確実に利益が出る。

たとえば、132ページから説明する「有料オプション」で目立たせるのもいいだろう。あるいはおまけをつけたり、送料を無料にしたりといった方法が考えられる。

なお「希望落札価格」は設定しないほうが、入札競争が白熱するのでお勧めだ。

いずれにしても、出品前には、出品する商品の相場を調べるために、129ページに紹介した「オークション統計ページ」をチェックしておいたほうがいいだろう。

⑤入札期間は短めに。二〜三日が最適

入札期間は七日まで設定できるが、長く設定しても、白熱するのは最終日、それも終盤。よほどの商品でない限り、その前にはあまり入札はない。長く設定するよりも、二〜三日ごとに出品を繰り返し、山場を何度も作るほうが売上に結びつきやすい。

また、「ヤフー・オークション」は夜にアクセスが多くなるので、最後の山場にたくさんの参加者が集まることを期待して、終了時間も夜に設定しておくとよい。お勧めは二二時〜二三時ごろだ。

⑥「ヤフー・ゆうパック」で送料を節約する

「ヤフー・オークション」で落札された商品については、「ヤフー・ゆうパック」を利用することで、ゆうパック料金が割引になる。

もっとも、商材によっては、もっと割安な通常郵便やメール便で間に合うこともあるし、宅急便会社との交渉次第では「ヤフー・ゆうパック」を下回る価格で契約できることもある。

そのために、いちがいに「ヤフー・ゆうパック」が有利とはいえないが、「ヤフー・オークション」限定のサービスだけに、検討してみる余地はあるはずだ。

⑦有料オプションを使いこなそう

「ヤフー・オークション」には、出品を支援するための様々な有料オプションがそろっている。これは、商品のタイトルや説明などを入力する画面で、同時に設定することが可能だ。

中でも使いでがあるのは「注目のオークション」だろう。これは、各カテゴリのオークション一覧ページで、あなたの出品した商品名と商品画像を、上部に掲載してくれるというもの。料金は一日あたり一〇・五〇円からで、支払額の順に上から表示される。非常に目立つので、惜しまず利用したい。最終日に絞って利用すればコストを抑えることができるだろう。

また、利益の大きい商材なら、「背景色」（一日三一・五〇円）や「太字テキスト」（一日一〇・五〇円）も使いたい。

そのほかに活用したいオプションといえば、「即買価格」だろう。要は、価格をはじめから固定してしまう機能だ。こうすれば、設定した価格より高く買われることこそないものの、安く買われることもなくなる。

とくに、すでに自身の通販サイトを持っており、「ヤフー・オークション」をその〝支店〟として活用したい場合には、この機能が役に立つ。〝本店〟との価格差が開かないようにできるからだ。

⑧自分のホームページとリンクして集客しよう

有料オプションだけでは集客力に限界がある。さらに入札者を増やすための方法をお教えしよう。

まずお勧めしたいのが、自分のホームページから商品ページにリンクを張ることだ。ホームページが通販サイトであれ情報サイトであれ、そこにはあなたが持つ〝商材〟に関心を持った人びとがやってくるはずだ。彼らを見逃す手はない。リンクを張ることによって、オークションにお客様として呼び込むわけである。

また、逆に「ヤフー・オークション」の商品ページから、自分のホームページにリンクを張るのも効果的だ。129ページでも述べたように、商品説明文にはHTMLタグを入力できる。それを利用して、リンクを設定すればいいのだ。こうしておけば、お客様に対する信頼を高めることができるので、こちらもぜひ実践していただきたい。

また、赤字覚悟の目玉商品を出品しておいて、そこから自分の出品している別の商品にリンクを張るという手もお勧めだ。リンクの箇所に、「こちらの商品も一緒にご落札いただいた場合、消費税を無料とさせていただきます」といったコメントを記しておけば、一段と集客効果は高まるはずだ。

⑨「出品を禁止されている商品」とは関わり合わない

「ヤフー・オークション」では、ありとあらゆる商品がオークションの対象になると書いたが、もちろん禁止されているものもあるので注意してほしい。

いうまでもなく、法律に触れるものは御法度だ。拳銃、麻薬、武器、盗品、児童ポルノはもちろんのこと、無断複製した音楽CDやソフトウェア、あるいは偽ブランド商品、アイコラなど、著作権、商標権、肖像権に触れた商品も禁止されている。

低俗、わいせつな商品も販売が禁止。ただし、その判断はヤフー・ジャパンが独自

楽天フリマ

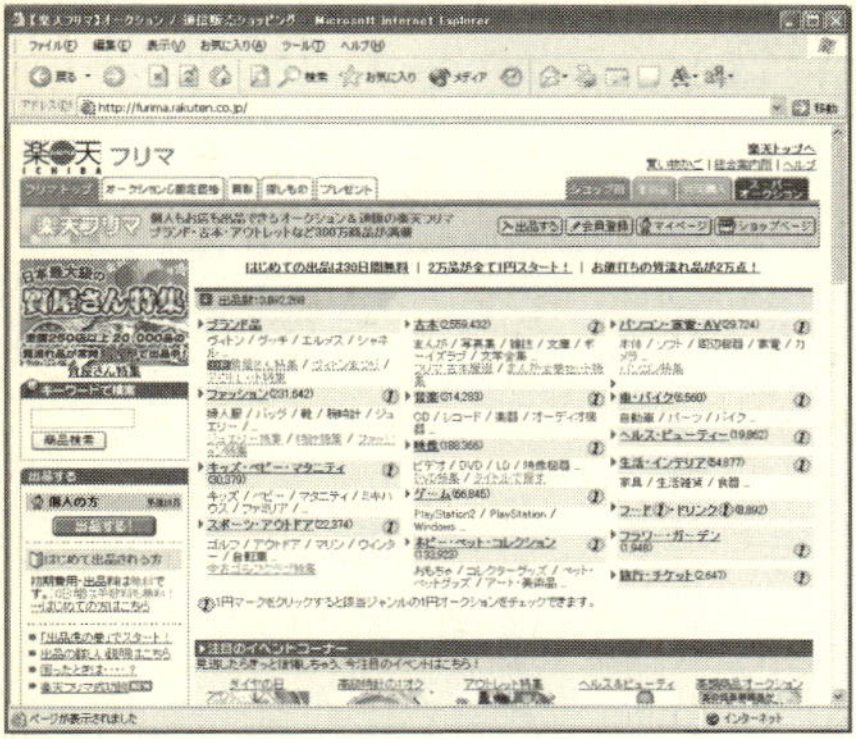

http://furima.rakuten.co.jp/
国内最大のモール、楽天市場を訪れる多数のユーザを相手に商売できるのが最大のメリット。自らのメルマガ(フリマガ)を発行できるなど、機能も充実している。

ビッダーズ

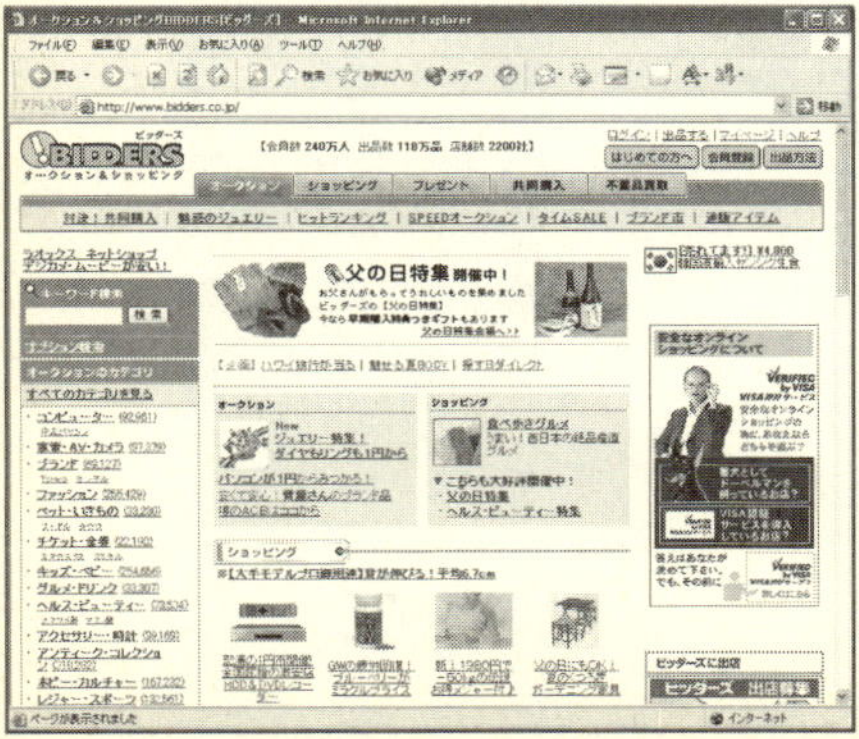

http://www.bidders.co.jp/
オークションのほか、ショッピング(定価販売)・懸賞・共同購入も可能。ただし、月額25,000円、落札手数料2.5%がかかる。個人事業でも出品(出店)可。

に行なうとのこと。使用済みの下着、ブルマ、学生服は出品できない。

そのほか、宝くじ、馬券、債券、有価証券、領収書、記名済みの航空券といったたぐいのものもダメ。犬、猫などのペット類を含め、生き物もやはり販売が禁止されている。人間の細胞や血液もいけない。

とくに注意すべきなのは、健康食品だ。健康食品は薬事法によってうたい文句が厳しく制限されており、たとえば「絶対にヤセる！」といったような効果をうたうことは禁じられている。また、たばこは海外のものも含めて販売が禁止されている。

⑩並行して販売するなら「楽天フリマ」と「ビッダーズ」

「ヤフー・オークション」の「出品」→「落札」→「評価発送」という流れに慣れてきたら、ほかのオークションサイトにも進出を考えてみよう。

中でも、「ヤフー・オークション」（出品数約六三〇万件）に次ぐ規模を誇る「楽天フリマ」（同四〇〇万件）と「ビッダーズ」（同一二七万件）がお勧めだ。こういったサイトにも並行して出品することによって、商品の回転率を上げていくことができる。

4

月収50＋α万円!? ネット通販で儲ける「週末副業術」

1 顧客づくり・仕入れ・品ぞろえ……
ネットショップ「儲けの哲学」

ブランド化・顧客囲いこみ――「儲かる店」はやっています！

自前の通販サイトを開く――これがインターネットで儲ける、稼ぐための一番の近道、王道である。

もちろん、ここまで書いてきたとおり、わざわざ自分のホームページを開設しなくても、「ヤフー・オークション」や「アマゾン」などのサイトを駆使すれば、インターネットで商品を販売することはできる。しかし、自前の通販サイトを開けば、それとは比較にならないほどの利益を上げられる可能性があるのだ。

私の会社が、中国茶の販売で年商一億円もの売上を上げているのも、自前の通販サイトを開いているからにほかならない。

もちろん、自前の通販サイトを開設・運営するには、それなりの手間がかかるし、面倒な手続きもある。では、通販サイトを開設・運営したときのメリットとデメリットには、どのようなものがあるのだろうか。

まずは、通販サイトを開設・運営したときのメリットを箇条書きにしてみよう。

①ブランドを確立することができる
②顧客を囲いこむことができる

通販サイトで販売する第一のメリットは、自分の商品・サービスをブランド化できるという点である。これがネットオークションともっとも違うところだ。

独自のホームページやメールマガジンを作成して、自分の商品・サービスを告知するわけだから、必然的にほかの商品・サービスとは差別化されることになる。

これがブランド化である。うまくいけば、リピーターも確実に増えていくだろう。

細かくいえば、URLに自分のブランドを入れられるようになることも、ブランド化の一環だ。たとえば、「http://homepage2.nifty.com/*****/」といったプロバイダ名付きのＵＲＬでなく、「http://panda-leaf」といった独自のドメインが使える。これによって、自分のブランドを前面に押し出すこともできる。

もちろん、お客様に会員登録してもらい、ＶＩＰ限定セールやメールマガジンの配信をすれば、顧客の囲い込みも可能だ。

一方、「アマゾン」や「ヤフー・オークション」などのオークションサイトにも、ブランドらしきものはあるが、それはあくまでも「評価」の数字だけであり、自分の商売自体をブランド化することは困難だ。メールマガジンの配信もできないから、顧客を囲い込むこともまたむずかしい。

このような、「ブランド化」と「顧客囲い込み」というメリットがあるからこそ、自前の通販サイトを開設すれば、「大きな売上」が期待できるのだ。月数十万円、いや努力しだいでは一〇〇万円以上の売上も十分に可能なのである。

「通販で大成功できる人、できない人」ここでわかる！

次に、通販サイトを開設・運営したときのデメリットを考えてみよう。デメリットを知ったうえでスタートするのと、知らないでスタートするのとでは、壁やスランプにぶつかったときの衝撃の度合いがまるで違うからだ。

デメリットには、おもに次の二点があげられる。

①経済的に労力的にコストがかかる
②競合のレベルが高い

自前で通販サイトを開設・運営する場合の難点は、手間と費用がかかることである。自分でホームページを作成することはもちろん、独自ドメインを取得したり、メールマガジンを発行したりと、いろいろと手間がかかる。サイトを開設してからも、サーバの維持運営費が必要となり、「アマゾン」の「マーケットプレイス」や「ヤフー・オークション」に出品するよりもコストがかかってしまう。

自分の商品・サービスをブランド化するためには、経済的、労力的コストは避けて通ることのできない道と考えていいだろう。

また、思うように休みが取れないのも、通販サイトの大きなデメリットだ。

好きなときに出品すればいいオークションサイトとは違って、自前のホームページは一年三六五日、ネット上に公開されている。だから、いくら定休日を設けて告知しても、そのあいだに注文や問い合わせが舞い込んでくる。人を雇えないうちは、たとえ休みを取ったとしても、少なくとも通信手段は確保しておかなくてはならないのだ。

さらに、競合する通販サイトと熾烈な競争をしなければならない。

というのも、インターネットには、徹底的に作り込まれた、見映えのする通販サイトがひしめいている。そんな有名ショップと渡り合うには、それなりの努力と覚悟は必要である。この点では、誰でも似たりよったりの商品ページしか作れない「アマゾン」や「ヤフー・オークション」と大きく異なる点である。

それでは、初心者がいきなり通販サイトに乗り出すのは無謀なのだろうか。

私の考えでいえば、オークションやホームページ制作の経験のまるでない人が、いきなり通販サイトに乗り出すのは、かなりの困難がつきまとうのは確かだ。

まずは「アマゾン」の「マーケットプレイス」や「ヤフー・オークション」で出品を繰り返し、ある程度の経験を積んで売上が伸びてきたところで、自前の通販サイトを構えるのが一般的だろう。

商材や資本力によって異なるので明言はできないが、オークションサイトでの売上が月額一〇万円を超えたあたりが、自前の通販サイト開設の目安となる。

もちろん、それ以後も、「アマゾン」の「マーケットプレイス」や「ヤフー・オークション」での出品を続けてもよい。

しかし、ブランド確立、顧客囲い込みという点からすると、かえって障害が大きくなってしまう。続けるにしても、あくまでも通販サイトの補助と考えたい。

「儲け優先なら上流」「安全優先なら下流」で仕入れる！

「ネット上で××を売りたい！」——と思っていても、いざモノを仕入れるとなると、どうしたらよいかわからない、ということが少なくない。商材はどうやって仕入れればいいのだろうか。

その方法を説明する前に、まず基本的な事項を確認しておきたい。

次に示すのは、ごく一般的な流通経路である。「当たり前のことじゃないか」といわれそうだが、上手に商材を仕入れるには、この仕組みをしっかりと頭に入れておく必要がある。

このうち、メーカーは製造が中心で、販売は問屋にまかせている場合が多い。問屋はメーカーから大量に商品を買いつけ、それを大口ロットで小売店に転売するわけだ。商材によっては、問屋が何段階にも分かれ、一次問屋、二次問屋……と多層化している場合もある。そして小売店は、その名のとおり、小口ロットで一般顧客に商品を販売するわけだ。

今あなたは、オンラインショップの店主として、小売店を目指している。

右の図を見れば明らかなように、儲けのことだけを考えれば、なるべくメーカーに近いほうから仕入れれば、仕入れ単価が下がって有利である。つまり、「できる限り〝上流〟から直接仕入れる」という仕入れの大原則が、ここから導かれるわけだ。

しかし、上流から仕入れるには、並みいる問屋と渡り合うため、大口ロットで買いつけなければならないという難点がある。副業程度の販売力では、メーカーや卸問屋と直接取引することは困難といっていいだろう。

多くの場合、メーカーの販売ロットは最小でも一取引一〇万円単位。卸問屋でも万円単位の取引を求められることが多いからだ。これでは、リスクが大き過ぎる。リスクを低く抑えるならば、小売店から仕入れるか、多層化した卸問屋の下流に近いほうから仕入れるほうがいいということになる。

そう、ここから導き出されるのは、「はじめは下流から仕入れ、売り上げを伸ばし、徐々に上流から仕入れるようにするべきである」という真理である。

では、それぞれの仕入れ先ごとに、仕入れの方法とテクニックを紹介していこう。

「ブランド小売」なら、手軽に仕入れて手軽に売れます！

もっともリスクが少なく、手っとり早いのは、小売店から仕入れる方法である。

「小売店から仕入れて、小売りをする？」と不思議に思う人もいるかもしれないが、インターネット上には、小規模ながらも独自ブランドで商品展開している小売店が数多くある。このような小売店から仕入れるわけだ。ちなみに、私のパンダリーフも小売だが、小売店からの卸注文があとをたたない。

このような店舗は、いわゆる「ブランド小売」と呼ばれている。ブランド小売の大半は、一取引数千円単位の小口卸に対応してくれるはずだ。店によっては、自店のロゴをパッケージからはずし、あなたのショップのロゴを入れられるよう配慮してくれるところもある。

もちろん、この方法は、仕入れ先が〝下流〟であるために、たいした利益は出ない。その反面、すでにネットで売れている商材だけに、新しい未知の商材よりは、取り扱うリスクが少なくて済むという利点がある。

場合によっては、そのショップが商品画像や説明文を提供してくれることもある。手軽に仕入れて手軽に売るには、もってこいの仕入れ先といっていいだろう。

『ザ・バイヤー』――ここから「優良問屋」を見つける！

「ブランド小売」からの仕入れに飽き足らず、もっと利益を出したいという人は、卸問屋からの仕入れにチャレンジしてみよう。

ただし、卸問屋の多くは積極的な広告活動をしていないので、よい卸問屋を見つけるにはそれなりの努力が必要となる。

そこで、卸問屋を探す際にぜひ活用してほしい情報源が、年刊の情報誌『ザ・バイヤー』（大出版社）だ。卸問屋の情報が満載されている。また、同社のサイトにも卸問屋情報が掲載されているので、ぜひチェックしてほしい。

また最近は、不況と競争激化のあおりを受けて、卸問屋が小売店向けの通販サイトを開設する例も増えてきた。「グーグル」や「ヤフー・ジャパン」などの検索サイトで検索を続ければ、いくつか引っかかってくるだろう。そういっ

仕入れ・問屋情報サイト　ザ・バイヤー

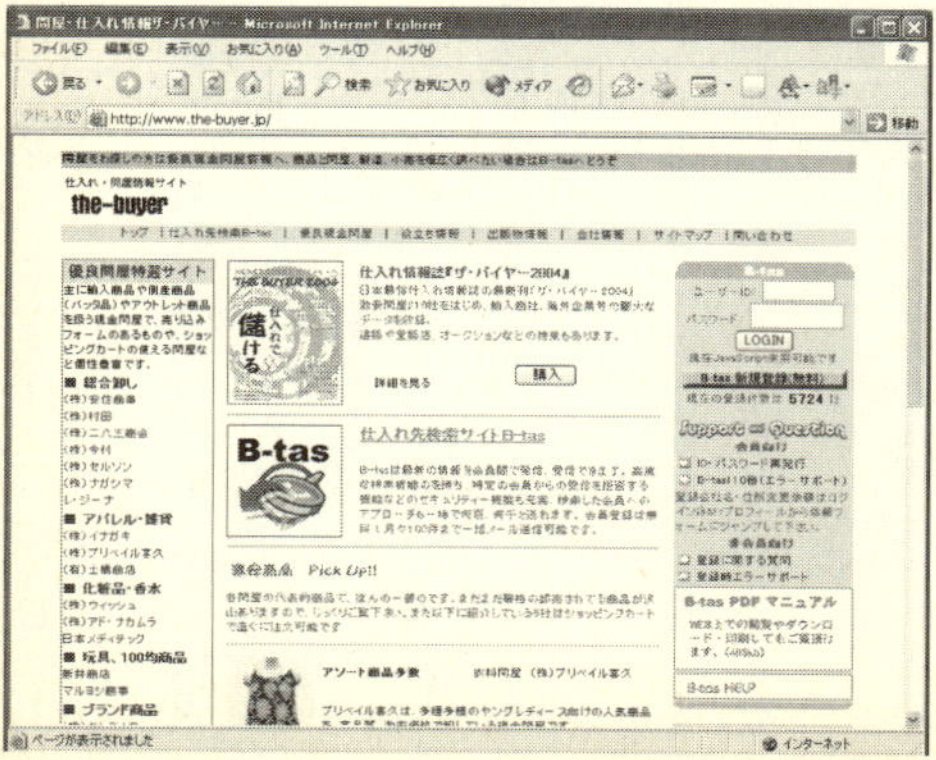

http://www.the-buyer.jp/
様々な問屋の最新情報が掲載されており、販売店や代理店などの募集をしている。情報誌『ザ・バイヤー』は、ここからも購入できる。

たサイトでは、小売店を募集している場合が多いので、条件が合えば、メールで見積りを取ってみるといいだろう。

ただし、145ページにも述べたとおり、卸問屋から購入する場合、少なくとも万円単位の購入を求められる場合が多い。この点は覚悟しておくこと。もちろん、そのぶんだけ小売から買うより仕入れ単価が大きく下がることは、いうまでもない。

「商品を販売する→販売を請け負う」で小ロットの卸が可能

いうまでもなく、もっとも大きな利益が期待できるのは、メーカーからの直接仕入れである。この場合、メーカーを探すこと自体はむずかしくない。売りたい商品を購入して、その製造元を確認すればよいだけだ。

ただし、144ページで述べたとおり、副業では直接の取引はむずかしい。

しかし、あきらめてはいけない。商材によっては、交渉しだいでメーカーの全面的な協力を得られることもある。中でも可能性が高いのは、次の条件を満たす企業だ。

①中小規模
②創業間もない
③独自開発商品を地道に販売している

この条件に該当するメーカーならば、小ロットで卸してもらえることもある。場合によっては、受注発注（つまり、あなたのサイトに注文が入った時点でメーカーから購入する）や商品の発送まで請け負ってもらえることもある。この点については、卸問屋も同様で、相手しだいでは特別に小口ロットで卸してもらえる可能性もある。

いずれにしても、当たって砕けろである。できるだけ〝上流〟までたどり、仕入先を確定することが大切である。メーカーと直接取引できなくても、頑張って交渉すれば、お勧めの卸問屋を教えてくれることもある。ぜひとも一度は当たってほしい。

「定番商品」「品ぞろえ」は『見本市検索』で強化！

メーカーや卸問屋に直接問い合わせするほかに、見本市や各種のイベントでチェックするという手がある。見本市には、数多くのメーカーや卸問屋が出店しているはずだ。あなたが関心を持っている商材の見本市には、必ず足を運ぶようにしよう。

どのような見本市が開かれているかについては、「ジェトロ（日本貿易振興機構）」の「Ｊ－ｍｅｓｓｅ」(http://www.jetro.go.jp/j-messe/)が役に立つ。キーワードや期間、開催地などを入力すると、条件に合う見本市を検索してくれるサービスだ。

とくに首都圏に住んでいる方は、「幕張メッセ（日本コンベンションセンター）」(http://www.m-messe.co.jp/)のサイトも参考にするとよいだろう。

また、「ジェトロ」の「貿易や投資の相談」ページ（http://www.jetro.go.jp/se/j/seh/what_is_seh.html）や「ミプロ（財団法人製品輸入促進協会）」(http://www.mipro.or.jp/)では、海外からの小口輸入の相談に乗ってくれる。海外の商品を仕入れて販売したい場合には、ぜひとも活用してほしい。

「儲かるサイト」の作り方――まず「作成ソフト」はどれを使う？

商品の仕入れの目途がついたら、通販サイトの作成にとりかかろう。

通販サイトは、通常の情報サイトと違って、ホームページを作って品物の写真を並べれば終わりというわけではない。

お客様からの注文を間違いなく受理し、入金処理を確実にこなさなければならない。クレジットカード決済をするならば、その対処も必要である。顧客管理やホームページのアクセス解析といった管理機能も欠かせない。

では、どうすれば、こういった複雑なサイトを作れるのだろうか。

じつは、通販サイトを作成・運営するには、大きく分けて次の二つの方法がある。

①「楽天市場」のような「モール」に出店する方法
②通販ソフトを使って自分でサイトを作成する方法

「モール」というのは、実店舗にたとえるとショッピングセンターのようなものと考えるといいだろう。

それほど苦労することなくサイトの作成と運営ができる一方で、ある程度の出店料がかかるので、すべての人にお勧めできるわけではない。くわしくは、202ページ「圧倒的な集客力・優秀店舗の情報……『楽天市場』に挑戦すべき理由」を参照していただきたい。

一方、自分でゼロからサイトを作成するとなると、通販システムやセキュリティプログラムを組むといった、専門の知識が必要となる。かといって、システム開発会社に外注するとなると、最低でも一〇〇万円、高ければ数千万円はかかってしまう。これでは副業の範囲を超えている。

そこで頼りになるのが、通販サイト作成ソフト（以下、通販ソフトと呼ぶ）だ。これを使うことにより、多少の予備知識さえあれば簡単に通販サイトが開設できるのである。

私がお勧めする通販ソフトは、左の表のとおり。

通販ソフトのおもな機能は、通販サイト生成機能、顧客管理機能、サーバ機能の三つである。ソフトによって、含まれている機能が違うので、購入する際には注意してほしい。

顧客管理機能については、月商一〇〇万円程度までは、「エクセル」でもなんとか間に合うだろう。しかし、いざ忙しくなってきたところで顧客管理を本格的に開始しよ

お勧め「通販サイト作成ソフト」

名称	通販サイト生成	顧客管理機能	レンタルサーバ	その他の主な機能
通販開業X	○	○	×	携帯電話ページ生成 アクセス解析
ChamaCargo	○	○	×	設定・設置代行(6000円) アフェリエイトプログラム
It's eShop	○	×	×	アクセス解析 メール機能付き通販管理
イッツ通販	×	○	×	メールからのデータ取込 宅配便、コンビニ収納連携
繁盛くん	○	○	○	独自ドメイン取得 アクセス解析
ストアツール	○	○	○	販促・分析ツール 携帯電話対応
e-SITEmaster	○	×	×	検索エンジン最適化 HTMLテンプレート付き
おてがる通販	×	○	×	メールからのデータ取込 各種伝票印刷

名称	価格	販売元	URL
通販開業X	20,790円	インクリメントP	http://www.tsuhan.ne.jp/kaigyou/
ChamaCargo	26,000円	Chama-Net	http://www.chama.ne.jp/cargo.htm
It's eShop	20,790円	インフォテクニカ	http://www.infortechnica.co.jp/product/
イッツ通販	23,940円	インフォテクニカ	http://www.infortechnica.co.jp/product/
繁盛くん	15,750円～(初期費用)＋ 8,400円(月額・レンタルサーバ)	ネットリンク	http://www.kishindo.co.jp/netlink/hanjyo/
ストアツール	19,950円～(初期費用)＋ 13,650円(月額・レンタルサーバ)	Eストアー	http://www.estore.co.jp/s-st/
e-SITEmaster	39,200円	リップジャパン	http://www.ripjapan.co.jp/
おてがる通販	20,790円	ヴォイス	http://www.otegaru2han.com/

※価格は、基本機能だけを選んだ場合のもの。求める機能や扱う商材によって、有料のオプションが必要になることがある。

うとすると、非常に労力がかかるものだ。はじめから大きな売上を狙っていくならば、事業開始当初から顧客管理つきのソフトを選んでおいたほうが無難である。

サーバ機能というのは、通販サイトを登録するレンタルサーバとセットになっているもので、サーバ内にあらかじめ通販ソフトが組み込まれているケースもある。サーバ機能のないソフトを使う場合には、サーバのレンタル業者と別途契約する必要がある。レンタルサーバを選ぶときの注意点については、1章54ページ「どのサーバを選ぶか」の説明を参考にしてほしい。

通販ソフト自体は買い切り方式なので、いったんオンラインショップを開いてしまえば、必要なのは月々数千円程度のレンタルサーバ代のみ。「ヤフー・オークション」のような出品手数料は必要ないし、「楽天」に出店するときのような高額〝家賃〟を支払う必要もない。

通販ソフトを購入したら、マニュアルにしたがって買い物方法や商品を登録しよう。すべて登録してサーバにアップロードしたら、これで通販サイトの完成だ。

2 儲けの方程式——「アクセス数」「転換率」「客単価」を上げる！

儲けの方程式「アクセス数×転換率×平均客単価＝売上」を覚える！

自前の通販サイトを立ち上げたら、あとはひたすら売上の増進を図るのみだ。そこで、ぜひとも頭に入れておいてほしい式が一つだけある。

売上＝トップページのアクセス数×転換率×平均客単価

たとえば、一日に三〇〇人がサイトのトップページを訪れたとしよう。そして、そのうちの三人が商品を購入し、三人の合計売上高は九〇〇〇円だったとする。

これを、式に当てはめて考えてみる。すると、「トップページのアクセス数」はいうまでもなく三〇〇。「転換率」というのは、訪問者のうちどれだけの人が購入者に転換したかという割合を表すもの。つまり、「購入者数／アクセス数」なので、〇・〇一（＝一パーセント）となる。「平均客単価」は、一人当たりの平均購入額のことで、ここでは三〇〇〇（円）だ。この数字を、さきほどの式に代入してみよう。

九〇〇〇（円）＝三〇〇（アクセス）×〇・〇一×三〇〇〇（円）

「それがどうした」という声が聞こえてきそうだが、ネット通販で成功するためには、この式の意味するところを正確に把握しなければならない。

つまり、左辺にある「売上」を伸ばすためには、右辺の三つの項目の数字を大きくするしかないのである。言い換えれば、売上を伸ばすには、次の三つの方法しかないということになる。

①アクセス数を増やす
②転換率を高める

③客単価を上げる

それでは、この①〜③を向上させるには、どうすればいいのだろうか。

じつは、このことこそが、通販サイト運営者の誰もが頭をひねっている点なのである。ネットショップで成功した人は数多くいても、この秘訣を教えてくれる人はほとんどいないのではないだろうか。

だが、私はこれまでに培ったテクニックを、ここですべて明らかにしていきたい。次項以降で、「アクセス数を増やす方法」「転換率を高める方法」「客単価を上げる方法」を、順にくわしく説明していこう。

どれも私の経験をもとにした秘伝といっていい。ここに書かれたとおりに実行していけば、通販サイトで成功を遂げることは間違いない。

サイトの立地条件「路地裏から大通りに移転する法」

「アクセス数を増やす」と口でいうのは簡単だが、それを実現するのは、なかなかむずかしいものだ。

だが、ちょっとしたコツを身につけておけば、あなたのサイトを訪問する人は、飛躍的に増えていくのである。

通販サイトを開業して一安心。インターネットに載せたら世界中の人が見に来てくれる――そう思っている人は意外に多いが、大間違いである。

たしかに、あなたのサイトはインターネット上にある。しかし開業した時点では、まだリンクしているホームページは一つもない。ということは、あなたのサイトにたどり着く手立てがないということである。いわば、ネット上の孤島の状態であるといってよいだろう。

これでは、あなたの通販サイトを訪れる人はいない。この孤島状態から脱し、願わくは交通至便な大都会の大通りに面した立地を確保する――これこそ通販サイトを立ち上げた直後に、何よりもまずなすべき仕事なのである。

実店舗では立地がモノをいう。

ほかの条件が同じならば、人通りの多い道路に面した店舗のほうが、路地裏の店舗よりも売上が高くなるのは自明である。

儲けの方程式①――アクセス数

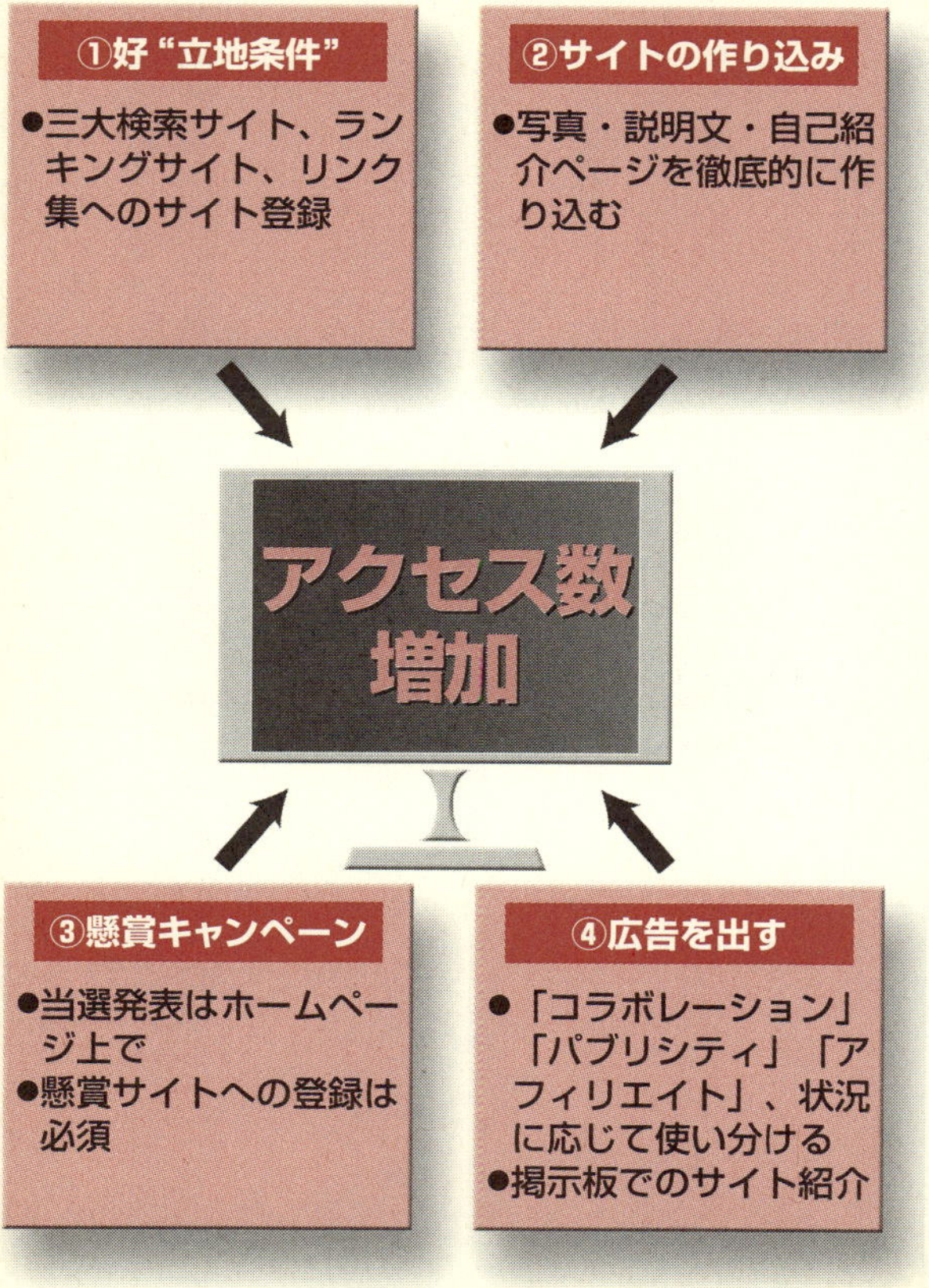
①好“立地条件”
●三大検索サイト、ランキングサイト、リンク集へのサイト登録
②サイトの作り込み
●写真・説明文・自己紹介ページを徹底的に作り込む
アクセス数増加
③懸賞キャンペーン
●当選発表はホームページ上で
●懸賞サイトへの登録は必須
④広告を出す
●「コラボレーション」「パブリシティ」「アフィリエイト」、状況に応じて使い分ける
●掲示板でのサイト紹介

この点、実際の店では立地を簡単に変えるわけにはいかないが、ネットの世界では、努力次第で〝立地〟条件をいくらでも向上させることができる。

まずは、ここから攻めていこう。

ネットビジネスにおいて、店舗の〝立地〟を左右するのが検索サイト（検索エンジン）といっていいだろう。検索サイトに登録されているかどうかはもちろんのこと、同じ登録されているのでも、上位に登録されているのと下位に登録されているのとでは、まったくアクセス数が違ってくる。

検索サイトへの登録申請にはそれほど手間はかからない。まずは、現時点でも

Yahoo! JAPAN（ヤフー）

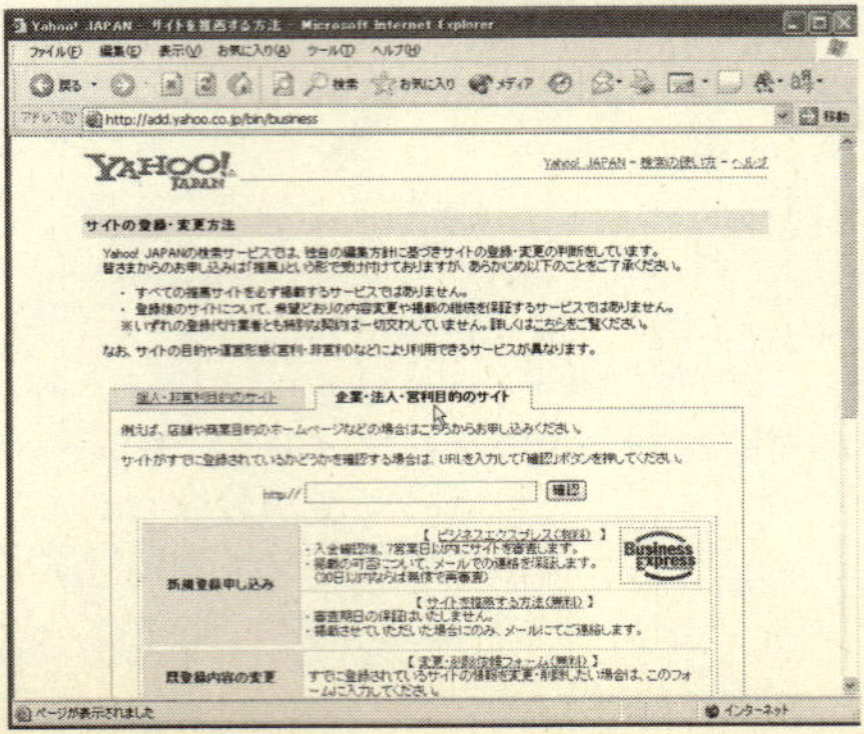

http://add.yahoo.co.jp/bin/business
通販サイトの登録をするときは、必ず「企業・法人・営利目的のサイト」タブを選択すること。

グーグル（Google）

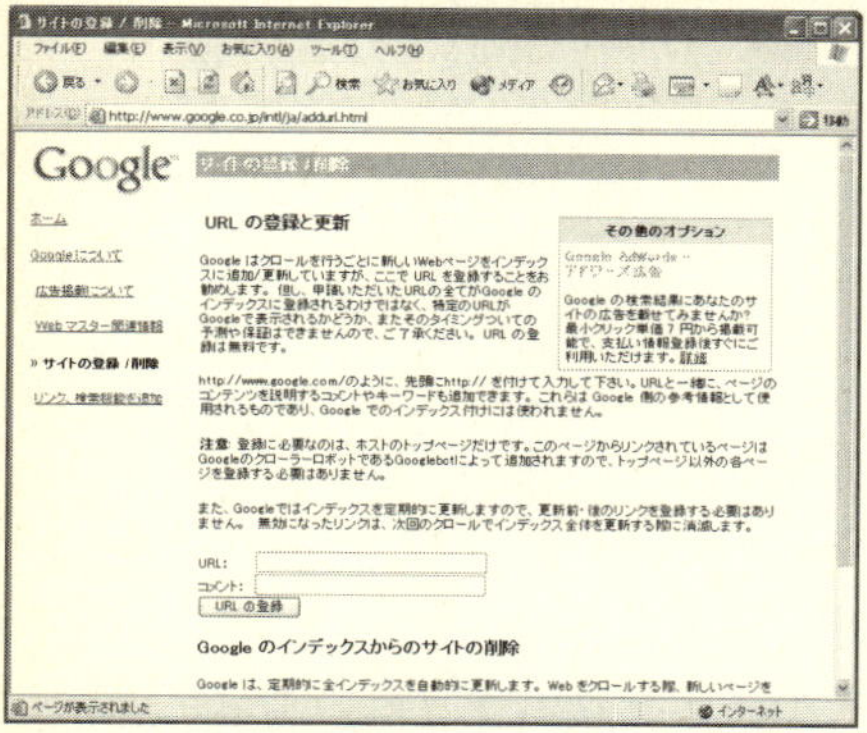

http://www.google.co.jp/intl/ja/addurl.html
いわゆる「ロボット方式」で、世界中のサイトを自動的に巡回して登録してくれる。それでも、ここで登録しておくと優先的に巡回してくれるだけでなく、自分の好みのコメントが登録できる。

インフォシーク（infoseek）

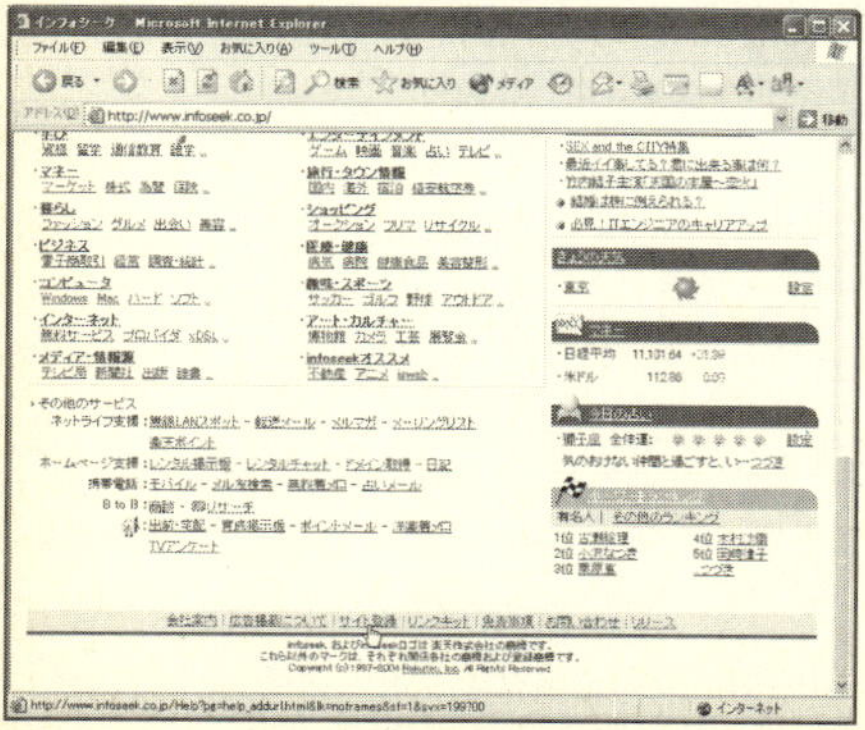

http://www.infoseek.co.jp/
トップページの下部にある「サイト登録」をクリックする。「ロボット方式」の「URL登録」と「リンクリクエスト」がある。「リンクリクエスト」は現在、携帯サイトのみ登録できるようになっている（2004年6月現在）。

っともポピュラーな「ヤフー・ジャパン」「グーグル」「インフォシーク」の三つの検索サイトにアクセスし、それぞれ指示にしたがって登録を済ませよう。

三つの検索サイトのうち、「グーグル」と「インフォシーク」は、登録申請さえ済ませておけば二〜三週間で自動的に掲載される。

一方、「ヤフー・ジャパン」では、担当の人間が申請のあったサイトを審査して、手動で登録する方式をとっている。そのため、申請しても掲載されるとは限らない。三週間経っても登録されないときは、ホームページをブラッシュアップして再び申請しよう。二、三回では登録されないこともあるので、登録されるまで根気よく繰り返すことが大切だ。

とくに「ヤフー・ジャパン」は多くの人やメディアが注目している。掲載されるとインパクトは非常に大きいので、どうしても登録したいところだ。

すこしでも早く登録したい場合、七営業日以内に必ずサイトを審査してくれる「ビジネスエクスプレス」を使うという手がある。

ただし、審査一回につき五万円がかかる。しかも、掲載を保証しているわけではないので、ある程度ページを作り込んでから利用するようにしよう。

「三大検索エンジン＋五〇サイトに登録」が、成功の基本です！

三つの検索サイトに登録すれば、それで終わりというわけではない。インターネット上には、分野を限定した検索サイト、ランキングサイト、リンク集といった様々なサイトがある。

儲けようというのであれば、このようなサイトにも積極的に登録をすること。「グーグル」で検索すれば、自分の商材に関係するこういった専門のサイトを見つけ出すことができる。たとえば、中国茶の通販サイトならば、「中国」「茶」「飲み物」「飲料」などといったキーワードで検索して、登録すべきサイトを見つけ出し、できるだけ多くのサイトに登録しよう。

また、一般的な情報サイトも見逃してはならない。

自分が扱う商材に関係したサイトを見つけたら、熱意を込めたメールを送ってリンクを依頼するのだ。これは、積極的に行なう。162ページの三大検索エンジンとは別に、最低でも五〇サイトに登録あるいはリンクをしたいところだ。

さらに、時間の許す限り、自店の商材が関係しそうな掲示板に書き込みを行なうのである。もちろん露骨な宣伝は敬遠されるだけだが、たとえば、その商材について質問が出たときに、一専門家として書き込むのである。

掲示板でのやり取りを続けるうちに、相手からはもちろん、掲示板を読んでいる人たち(書き込みをしなくても、多くの人が読んでいる)からの信頼も高まるはずだ。

掲示板には、発言者の持つホームページや関連するURLを記入する欄がある。あなたを信頼した人たちは、そのURLをクリックしてくれることだろう。こうして、自然とあなたのホームページにアクセスしてくれるに違いない。

アクセスはあるが注文がない……「サイトの作り」が下手なのです!

検索エンジンに登録を済ませ、あちこちの情報サイトにリンクをすれば、もうあなたのサイトは孤島状態から脱却したといっていいだろう。しかし、それだけで注文がどんどん入ってくるほど、この世界は甘くない。

毎日ある程度のアクセスがあるのに、なぜか注文が一件も入らない——そんな日々が続くことだろう。

その原因は、十中八九、あなたのホームページの作りや見映えにある。

訪問者は、最初、興味を持ってあなたのサイトを訪れたかもしれないが、ホームページを見ているうちに、こう思い直した可能性がある。

「ホームページの作り方が下手だな。これじゃ商品もたいしたことはないだろう」

「このホームページ、どこをクリックしていいかよくわからない。もうやめた！」

こんなことにならないためには、まず競合サイトを参考にするといい。売れていそうなショップを参考にして、そのサイトに負けないくらいに自分のサイトをブラッシュアップするのだ。

とくに、商品ページの写真、説明文、自己紹介ページは徹底的に作り込む。このような努力を続けていき、サイトの質が一定レベルを超えたら、必ず購入者が現れるはずだ。

では、いつまでブラッシュアップを続ければいいのだろうか。

一概にはいえないが、最低でもトップページのアクセス数が一日に一〇〇カウントを超え、しかも二日に一件は注文が入るようになるまでは必要だ。それまでは、リンク依頼とともに、ホームページの作り込みを続けよう。

また、この時点では、販促キャンペーンも控えること。割引に頼らずとも売れるサイトを目指し、コツコツ作り込むことが大切である。

加えて、まだ時間の取れるこの時期に、仕入れから発送までの作業の流れを確認しておく。具体的には次の二点をチェックしておくこと。いずれも売上げが増えたときでも素早く対処できる、体制づくりである。

在庫を整理する棚を購入する等、在庫を整理し、大量の注文が来ても効率よくさばけるようにしておこう。

また、仕入れや売上の会計処理を効率化しておくことも重要だ。

売上が伸びてくると、小さな非効率が大きく足を引っ張ることもある。あまり忙しくないうちに足場固めをしておくわけだ。

「潜在顧客のアドレス」は懸賞キャンペーンで手に入れる！

売上が安定するようになったら、懸賞に挑戦してみたい。

自分の取り扱っている商品の中から、イチ押しの商品を選び出し、それをプレゼントする懸賞キャンペーンを展開しよう。

懸賞を開催する目的は二つある。「アクセス増を図る」ことはいうまでもないが、もう一つ「潜在顧客のメールアドレスを取得する」という目的がある（もちろん、入手したアドレスの管理には万全の注意が必要なことはいうまでもない。6章263ページ『お客様の個人情報』はディスク内に保存しない！」を参照のこと）。

通販サイトのホームページにアクセスはしているが、実際に購入したことはない、という人は意外に多いものだ。

懸賞に応募してもらって、そのような潜在顧客のメールアドレスを入手することは、通販サイトを継続するうえで非常に大きなポイントとなる。メールアドレスを取得すれば、潜在顧客に対して、こちらが積極的に働きかけることが可能になるからだ。

ただ、懸賞キャンペーンを実施するには、前もって懸賞応募者にメールを送信する仕組みを整えておく必要がある。この機能は、前に紹介した通販ソフトのうち、顧客管理をサポートしているものに付属している。

システムの準備が整ったら、賞品、当選数、応募期間を決めよう。商材によりけりだが、当選数は一〇名程度で応募期間は二週間〜一カ月程度がお勧めだ。

それが決まったら、懸賞をやっていることを広く知らせなければ意味がない。自分のサイトで告知するのはもちろんだが、それだけでなく、「懸賞サイト」もぜひ利用しよう。これは、懸賞キャンペーン実施中のショップを検索するためのサイトのことだ。ここに登録しておけば、懸賞に応募したい人が、すぐにあなたのサイトを探し当てることができる。

ここで私のお勧めの懸賞サイトをあげておこう。

「ＣｈａｎｃｅＩｔ！」(http://www.chance.com/)、「ヤフー・懸賞」(http://present.yahoo.co.jp/)のほかに、「懸賞のつぼ」(http://www.tubox.com/)、「懸賞ざくざく」(http://www.zak2.com/)の計四サイトが、いずれも会員数・アクセス数が多く、利用価値が高い。いずれも、「懸賞情報の登録」といった表示があるので、それをクリックすると登録作業に入れる。

これ以外にも懸賞サイトは数多くある。「グーグル」で探し出して、片っ端から登録すること。最低でも一〇サイトは登録しておきたい。なお、懸賞については、「景品表示法」による制限がある。くわしくは、6章254ページ「懸賞を実施するなら『最高額』

Chance It!

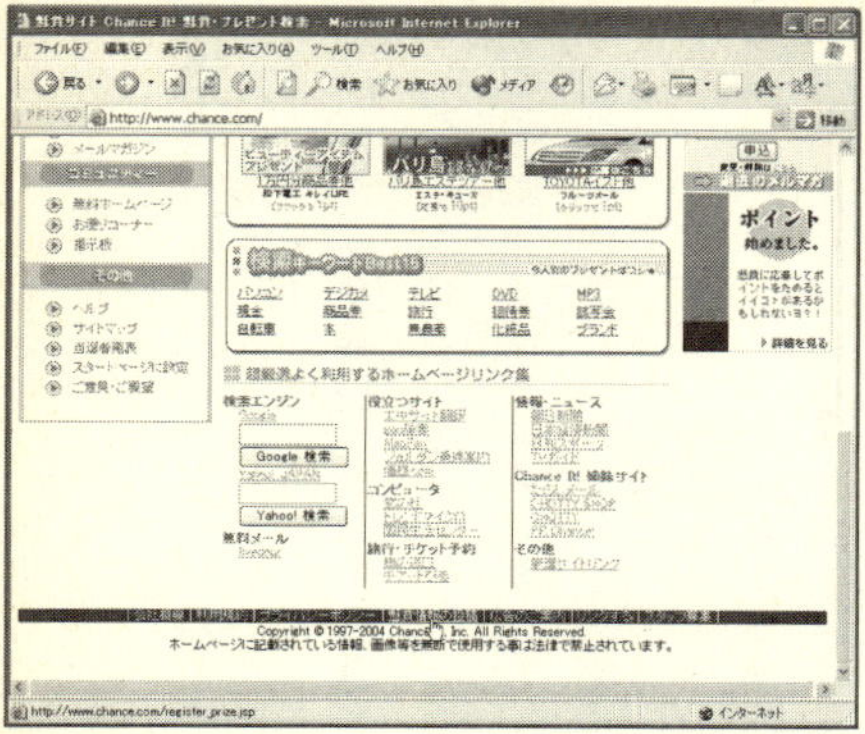

http://www.chance.com/
画面下部にある「懸賞情報の投稿」をクリックする。

Yahoo! 懸賞

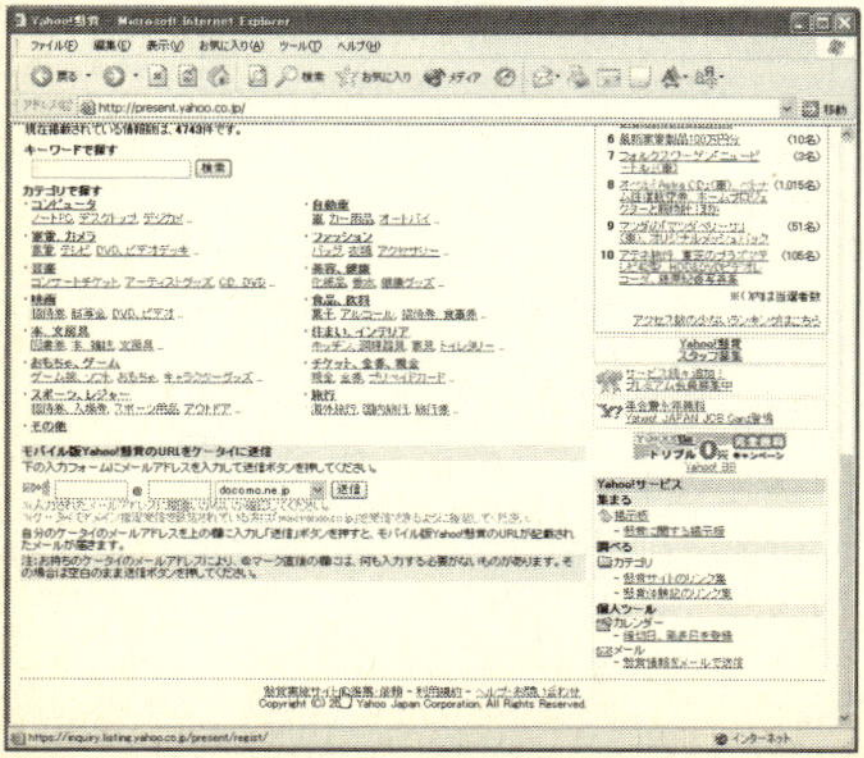

http://present.yahoo.co.jp/
「Yahoo! 懸賞」のトップページにアクセスしたら、画面の下端にある「懸賞実施サイトの推薦・依頼」というリンクをクリックして登録しよう。

と『総額』に注意する!」を参照していただきたい。

「当選者の発表は、メールでなくサイトで公表」でアクセス増を狙う!

懸賞の応募期間が終わったら、当選者を決めて応募者全員にメールで送信する――懸賞キャンペーンはこれで終わりではない。

ここからが腕の見せどころなのだ。

当選者をメールで直接発表してしまっては、それでおしまいになってしまう。そうではなく、あなたの通販サイト内に当選者発表のホームページを作成しておき、メールには、そのURLを告知するのである。

そうすれば、ほとんどの応募者が、ホームページにアクセスしてくるはずだ。

そこで、販促を打つわけである。

たとえば、ハズレの方に限定したセールを開催するのも効果的だ。もちろん、ホームページでは、当選者の発表と並べて、ハズレ限定のセールについても目立つように書き込んでおく。

セールの内容は、たんに商品単価を下げるだけではなく、おまけをつけたり、送料・手数料を無料にしたりといったものでもいい。

いずれにしても、自店のアピールポイントを、当選発表メールやホームページに熱意を込めて書き込んでほしい。

もちろん、当選発表メールを送ったあとも、こまめに自店のメールマガジンを送り、応募者の顧客化、リピーター化を図る。

また、メールマガジンの発行機能（同報メール機能）は153ページで紹介した通販ソフトに付属しているが、「まぐまぐ」(http://www.mag2.com/)、「ｍｅｌｍａ！」(http://www.melma.com/)といったメルマガ発行サイトを利用してもいい。

懸賞キャンペーンは、間隔をあけずにひっきりなしに開催することが大切だ。繰り返すうちに応募者が減ってきたら、賞品をデジカメや商品券といった一般受けするものに切り替えてみるとよい。

賞品しだいだが、一回の懸賞キャンペーンで少なくとも一〇〇〇件の応募を獲得したいところだ。目標は五〇〇〇～一万件。二〇〇〇件を下回るようなら賞品や懸賞企画のコピー等を見直そう。

コラボレーション・アフィリエイト……「効果あるネット広告」は？

アクセス数を増やす方法として、インターネットに広告を出すという手段がある。

だが、私の経験から言うと、インターネット広告の大半は、謳い文句ほどの効果はない。広告に金をかけるくらいなら、そのぶんを懸賞の賞品やセールにまわしたほうがいい。それでも、比較的効果の高い広告手法が三つだけある。

それは、「コラボレーション」「パブリシティ」「アフィリエイト」だ。これらについて、順に説明していこう。

①コラボレーション

ほかのネットショップとの協同広告のこと。コラボレーションには、様々な形態があるが、代表的なものは次の二つである。

①両店舗で共同セールを行ない、ホームページやメールマガジン上で紹介し合う

②両店舗で共同懸賞キャンペーンを行ない、両店のメールマガジン上で、相手側店舗へのメルマガ登録（あるいは懸賞応募）を促す

もちろん、相手との規模が不釣り合いでは、共同企画を提案しても乗ってこない。大規模なショップは、メルマガ読者を一〇万単位で抱えており、小さなショップとコラボレーションしてもウマ味がないからだ。

あくまで自分の店舗と釣り合うくらいの規模で、自店の商材を補完する（あるいは自店の商材と関係ない）商材を取り扱っている店舗に企画提案を行なおう。

意外なのは、まったく無関係に思えるショップ同士でも、コラボレーションの効果が上がる場合があることだ。というのも、同じ嗜好を有する顧客層に、まったく別の物を売っている場合もあるからである。

たとえば、中国茶と革バッグのコラボレーションというと、まるで効果がないと思われるかもしれない。

だが、「こだわりの一品」という共通点により、うまく客層が重なっていて、実際に成功をおさめたという例もある。このように、様々な角度からコラボレーションを検

討してみてはいかがだろうか。

②パブリシティ

雑誌や新聞などを利用した広報戦略である。

たとえば、自店の商材と関係のある出版社の雑誌編集部宛に、自店のカタログ、サンプル商品などを送ったり、雑誌記事の企画を提案してみるのだ。

反応がなくて当たり前だが、ごく稀に反応が返ってきて、取材や雑誌への掲載まで進むこともある。コラボレーションほど確実性はないが、うまくいけば効果がある。

もっとも、雑誌に掲載されても、意外と売上は伸びないことが多い。それでも、開店当初は信頼アップに大きく役立つはずだ。雑誌に掲載されたら、必ず自店のホームページ上で大々的に告知しよう。

③アフィリエイト

あなたが広告主となって、ホームページを運営している第三者に宣伝してもらう仕組みである。広告主を「マーチャント」、宣伝してくれる人を「パートナー」と呼ぶ。

JANet

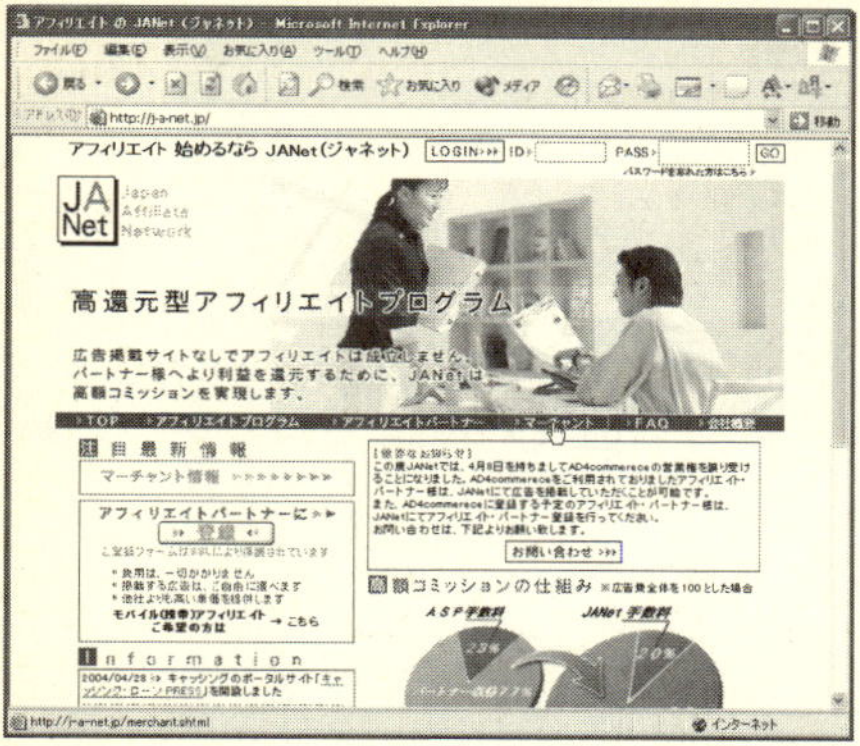

http://j-a-net.jp/
アフィリエイト広告のサイト。まず、トップページの「マーチャント」をクリックして、くわしい説明を読もう。

全国イーコマース協議会

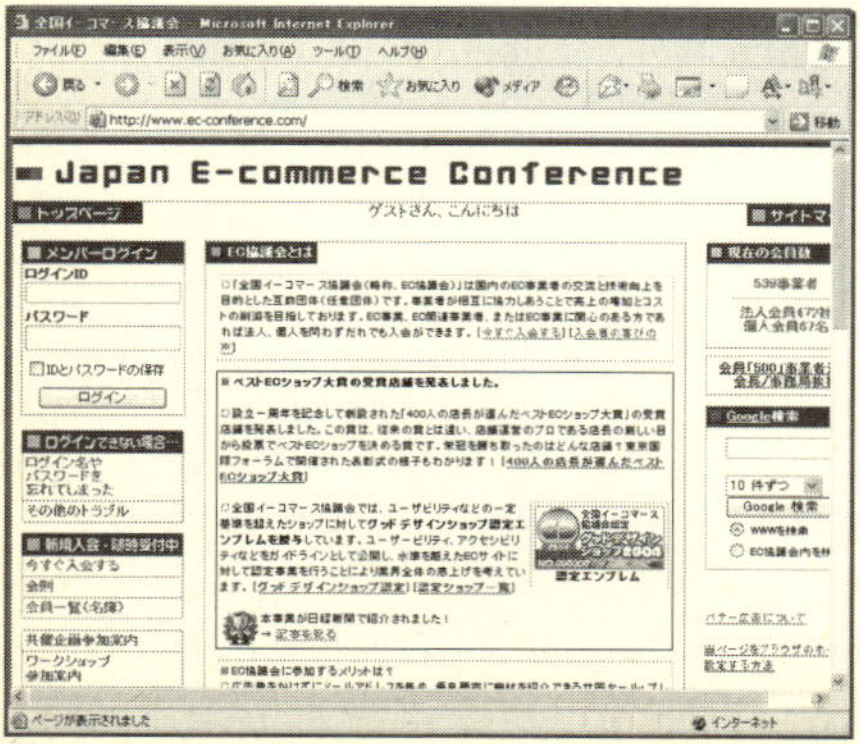

http://www.ec-conference.com/
「全国イーコマース協議会」の入会金は1万円、月会費が3000円。

実際に売れた場合にだけ広告料金を払えばよい（成果保証広告という）ので、少なくとも赤字になることはない。

はじめのうちは、利益を削ってでもパートナーに高い手数料を提示して、どんどん宣伝してもらおう。

商材にもよるが、アフィリエイトを通じた注文が、売上全体の五分の一〜三分の一になることを目標にしたい。

また、オンラインショップ五〇〇店が参加する互助団体である「全国イーコマース協議会」では、会員店舗同士が密に連絡を取り合い、コラボレーションを頻繁に行なっている。メルマガ会員がある程度（五〇〇〇人程度）集まったら、こうした会に参加して横のつながりを深めていこう。

ネットのクレームは「三段階」で対処しなさい

商売の鉄則は「顧客第一」。これは、ネット通販も実店舗も同様——いや、ネット通販では、実店舗以上に重要になってくる。

そもそも、小資本のネット通販では、大企業と違って、ホームページのデザインも一流とはいえず、値引きにも限界があり、梱包も立派なものではない。一般的に考えれば、顧客にとってデメリットだらけである。

しかも、広告活動もメールマガジン程度しかできないことを考えれば、いかにお客様の口コミが大事であるかということがわかるだろう。そう、小資本のデメリットを覆し、口コミで評判を広めてもらう方法はただ一つ。真心を込めた接客しかないのだ。

お客様からメールで問い合わせがあったら、迅速かつ誠意を込めて回答する。また、商品や決済方法の変更依頼、商品のキャンセルにも〝快く〟応じることが大切だ。

個人事業主が大企業にまさるところといえば、スピードと柔軟性しかないのである。お客様を待たせたり、規則を前面に押し出すお役人的な対応はご法度だ。「どんな無理でも聞いて差し上げます」という心構えで、お客様に接していく。

ときにはクレームのメールが届くこともあるだろう。そんなときは、次の順序で返信することを心がけてほしい。

①誠心誠意謝罪する→②解決策を提示する→③トラブルの原因を説明する

この三点を、この順序で、謝罪メール文中にもれなく盛り込むことが重要である。よく見られる悪いパターンは、①がなくて、③→②というもの。いきなり③がくると言い訳にしか見えない。また、①がないと、いくらトラブルが解決しても礼儀に欠ける。逆に③を明らかにしないショップ運営者も多いが、③がわからないと「また同じトラブルが起こるのではないか」というお客様の疑念を払うことができない。

たしかに、トラブルの原因というのは自店にとってマイナス情報だろう。しかし、それをあえてディスクローズしたほうが誠意も伝わりやすい。

しかも、ときにはお客様から、改善提案をいただけることもある。通販サイトを運営していると、自分では気づかなかった落とし穴にはまり、お客様に手を引いていただき、穴から抜け出すことが何度もある。

クレームは宝なのだ。

転換率一パーセント以下――「買いたくなる仕掛け」がない証拠です!

転換率とは、前にも述べたように、サイトにアクセスした人のうち、どれだけの割合の人が購入者に転換したかという数字である。

転換率は一パーセント以上であれば合格点と言える。転換率が低いということは、実店舗にたとえるなら、ショーウインドウは見てくれるけれども、品物を買わない人が多いということだ。

いくらホームページを見てくれても、商品を買ってもらわなければ商売にならない。転換率を上げることもまた、売上を伸ばすための重要な要素なのである。

転換率が上がらない理由を、顧客のせいにしているショップ運営者がよくいる。

私は、様々な通販サイトのオーナーの相談に乗っているが、ネットショップを開店したての店主からよくこういう言葉を聞く。

「懸賞をいくらやっても〝懸賞マニア〟が集まるだけですよ。そんな連中相手にメルマガを出しても売上に結びつくわけがない」

つまり、懸賞キャンペーンを繰り返しても売れないのは、顧客の質が悪いというわけだ。しかし、それは間違いだ。

どんな〝懸賞マニア〟でも、自分の欲しくない賞品に応募するだろうか。よく考えてほしい。この忙しい時代、貴重な時間を使って応募してくれているのである。

懸賞キャンペーンの応募者は、けっして懸賞マニアではなく「潜在顧客」と考えるべきだ。

問題は、その潜在顧客をどうやって顕在化するか、ということなのである。

たしかに、顧客を集めてメルマガを出すところまでの手順は合っている。それでも、顧客が顕在化しないとすれば、あなたのサイトやメルマガに何らかの問題があるに違いない。

それでは、次項以降でその点を徹底的にチェックしてみよう。

経歴・家族……「プライベート情報のあるメルマガ」は信頼される！

まず、あなたがこれまでに発行したメールマガジンを、次の三つの視点からよく見直していただきたい。

①「あなたでなければ書けないこと」が書いてあるか？
②誰が読んでも読みやすいよう、わかりやすく書かれているか？

儲けの方程式②——転換率

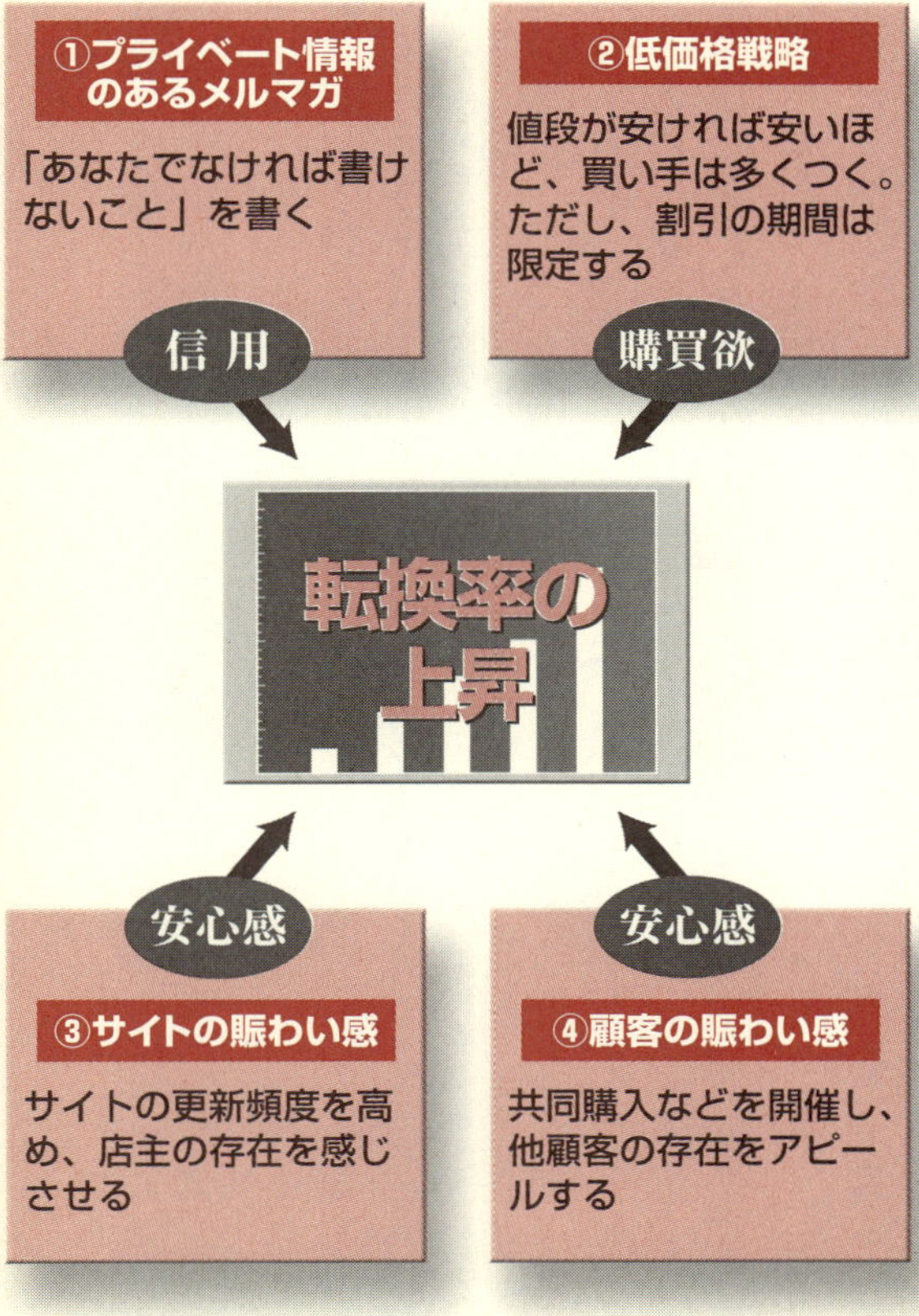
①プライベート情報のあるメルマガ
「あなたでなければ書けないこと」を書く
信用
②低価格戦略
値段が安ければ安いほど、買い手は多くつく。ただし、割引の期間は限定する
購買欲
転換率の上昇
安心感
③サイトの賑わい感
サイトの更新頻度を高め、店主の存在を感じさせる
安心感
④顧客の賑わい感
共同購入などを開催し、他顧客の存在をアピールする

③誰が読んでも疑問点を感じないよう、説明が十分になされているか？

中でも忘れがちなのが①である。

私はこれまで、開店まもないショップのメルマガを数多く見てきたが、そこでしばしば感じたのが、「大きさや素材など客観的な商品情報の説明に終始して、店主の〝味〟がまったく出ていない」という点である。

よくよく考えてみてほしい。電子メールはテレビや雑誌と違い、第三者の裏打ちのまったくないメディアである。しかも、超低コストで、誰でも手軽に送信できるのだから、その信頼性は、この上なく低い。

そのメールだけで商品を買ってもらおうというのは、虫がいいというものである。せめて、その低い信頼性をカバーする「何か」が必要なのだ。

潜在顧客は、あなたのお店の商材に関心を抱いている。だからこそ、懸賞に応募してきたのだ。しかし、まだあなたを信用できていない。

懸賞ならば、応募するのも当選するのもタダだからいい。だが、購入となると話は違う。とくに、一般的な通販サイトでは決済方法は先払いであり、リスクを負うのは買い手側だ。だからこそ、潜在顧客は慎重になる。

では、知名度も実績も資本力もないあなたが、潜在顧客から信用されるには、どうすればよいだろうか。

その方法はただ一つ。あなた自身をさらけ出すことである。

たとえば、自店の商品を試した体験記をつづるというのは効果的だ。方向はまったく違うが、自分の子どもの誕生日にセールを開催するといったのでもいい。要は、あなたしかできないことを書くのである。

メルマガでは、冒頭の店主の挨拶と、末尾の編集後記は必須だ。この場合、できれば、商品販売とは関係ない、あなたらしさが伝わる短文が望ましい。「今日は晴れて嬉しい」といった没個性的な話よりも、家族やペットの話、時事ニュースに対して思うところ、あるいは思い出話、最近読んだ本の話でも何でもいい、あなたの個性が伝わるような話を書くよう努めることである。

私自身の体験では、メルマガの末尾にクイズを設けたところ、好評を得たことがある。もちろん、クイズの内容は自店の商材やキャンペーンの内容、自分の趣味にまつわることなどである。

次号予告も、自分らしさや商品の品質をアピールする場になりうる。

「次号はわが愛犬の誕生日に発行します！」「採れたての新鮮な商品をお届けするため、次号発行日を予告することはできません。入荷当日に必ずメールさせていただきますので何卒お見逃しなく！」

こんな一文を入れるだけで、メルマガの読者はあなたに親近感を抱き、徐々に信頼の気持ちが増していくのである。

読みやすいメルマガ、読みにくいメルマガ

メルマガは読みやすくなければならない。これは当然のことである。

いくらいいことが書いてあっても、びっしりと文字で埋まっていたり、レイアウトが整理されていないようでは読んでもらえない。

そのために、メルマガは徹底して整形することが大切である。

とくに、だらだらと長文が続くと、それだけで読む気がしなくなる。どうしても文章が長くなるときは、こまめに改行をして、適度に見出しを入れよう。メールマガジ

ンは、横三五～四〇文字（全角）がもっとも読みやすい。

もちろん、改行幅がそろっていないのは問題外だ。改行幅をきちんとそろえること。とはいえ、改行幅を一行ずつ手作業でそろえるのは非効率だ。テキストエディタと呼ばれるソフトを活用したい。

これは、ウィンドウズの「メモ帳」の機能を拡大したようなソフトで、三一五〇円でダウンロード販売されている「ＥｍＥｄｉｔｏｒ」（http://www.emeditor.com/jp/）や、無料で使える「ＥｄＬｅａｆ」（http://www.edcom.jp/）など、数多くのソフトが公開・販売されている。

また、商品のセールスポイントや商品名、企画名、注意事項などは、テキストアートで目立たせるとよい。

テキストアートというのは、187ページの画面のように、文字や記号を使って模様や絵のように表現したものだ。「こんな複雑なものを自分で作るのは無理だ」といわれるかもしれないが、心配はいらない。できのよいメルマガを複数購読して、その中から自分の気に入ったラインや目立たせ方を「メモ帳」やテキストエディタに保存しておくのだ。実際に自分で使うときは、それを参考にしながら、オリジナルの形を加えていくようにすれば、ゼロからテキストアートを考えるよりはるかに効率的だ。

ただし、凝り過ぎると、いかにもDMっぽくなってしまうので注意してほしい。とくに、URL（たとえば、セール販売を行なっているホームページのURLなど）の周囲は、クリックしてほしいからといって派手に装飾し過ぎると、それこそ押しつけがましくなり、クリック率が大きく下がる。顧客離れの原因になるので気をつけよう。

「メルマガで説明・ホームページで販売」――このスタンスは崩すな

商品やキャンペーンの説明は、メルマガ上で完結させること。

よく、メルマガでさわりだけを告知して、「詳細はホームページへ」という手法がある。しかし、これは親密度の高い固定客向きであり、懸賞に一度応募してくれた程度の人は、わざわざホームページを訪れることはない（170ページで述べた「当選発表ページ」は別である）。

あくまでも、メルマガ内ですべて理解してもらったうえで、「購入手続きはホームページで」というのが適切なやり方だ。

さて、180ページのチェックポイントの「③説明は十分になされているか?」という点であるが、これについては、次の二点を盛り込むようにしてほしい。

①実際に手に取ったかのような、リアリティを感じさせる「具体性」

②他店と差別化できる、あなたのお店ならではの「オリジナリティ」

もちろん、前記した三つの条件を満たしたからといって、すぐに商品が売れるとは限らない。最後は根気である。

たとえ手ごたえが感じられなくても、最低でも半年は試行錯誤を繰り返しつつ

「パンダリーフ」のメールマガジン

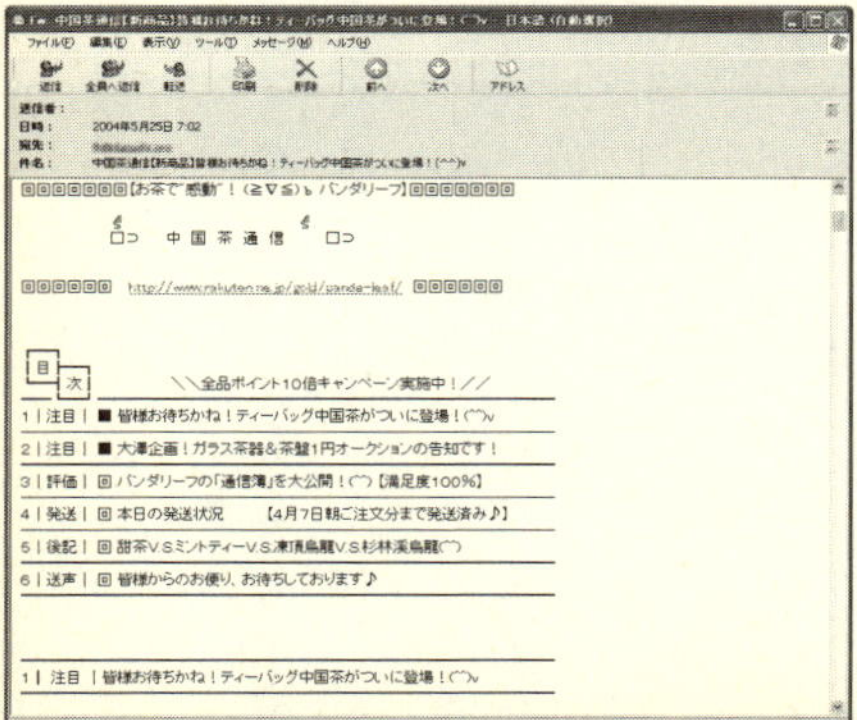

私が発行している「パンダリーフ」のメールマガジンの一部。テキストメールであっても、テキストアートをうまく使えば読みやすくなる。

メルマガを発行しつづけること。

発行頻度については、この三つの条件を満たせる範囲内で、可能な限り多いほうがよい。

副業とはいえ、できれば週に一度はメルマガを発行したいものだ。もっとも、内容の薄いメルマガを送信しつづけるよりは、多少期間を空けてでも、作り込まれたメルマガを発行すべきだ。

このような工夫をして、半年経っても閑古鳥が鳴いている状況であれば、根本的に商材や価格帯を見直したほうがよい。逆に、半年頑張らないうちに、手ごたえがないからといって諦めてはいけない。

ところで、最近はHTMLメールが浸透してきた。HTMLメールを使うかどうかは議論の分かれるところだ。HTMLメールを使うと、データが重い、配信コストが高いというデメリットがあるが、商材によっては使ってもいいと私は考えている。

取り扱う商材の長所を三つ書き出してみて、その中に「見た目の美しさ」が入るようならば、HTMLメールを出すことで、明らかに手ごたえは大きくなる。

ちなみに、現在市販されている通販ソフトの中には、HTMLメールをオプションでサポートしているソフトもあるが、現時点ではほとんどが未対応である。今後は、ほとんどのソフトがサポートしていくと思われる。

「掲示板」「最終更新日の表示」……サイトに「人の気配」を出そう

この本に書かれていることを実行して、きちんとメルマガを発行しているのに売れない……中にはそんな人もいるかもしれない。

そんな方はご自身のサイトをよくご覧いただきたい。はたして、そこに〝人気《ひとけ》〟はあるだろうか？

〝人気〟とは、いうまでもなく人間の気配のことだ。ネットショップの場合、具体的にいえば、店主の気配と顧客の気配ということになる。

実際の店舗でも、人の気配がしないと入りにくいだろう。

いくらいい製品を扱っていても、しーんと静まり返っていては、店の中に入るのがためらわれる。これは、通販サイトも同じこと。やはり転換率を上げるためには、ある程度の賑わい感が必要なのだ。

店主の気配を出す効果的な方法として、たとえば次のような手がある。

①サイトの更新頻度を高め、トップページに「最終更新日」を表示する
②掲示板を設置する
③こまめにキャンペーンを開催する

要するに、変化を感じさせるものが必要なのだ。

一方で、サイトのデザインに凝りすぎて失敗する例もある。スマートでカッコいいホームページは、作った本人にとっては満足のいくものかもしれないが、一般の人には〝人気《ひとけ》〟が感じられず、なじみにくく感じられてしまうので注意してほしい。少なくとも、立ち上げまもない通販サイトは、〝手作り感〟のあるほうが、顧客から信頼されやすい。とくに、文章は極力テキストで表示して、人間味を醸し出そう。見映えを優先して、商品説明文までＧＩＦ画像化しているサイトがあるが、あまりお勧めできない。

情報サイトならば、使い勝手が第一に優先されるところだが、通販サイトは〝人気〟

が第一になのである。使い勝手と〝人気〟が対立した場合は、あえて〝人気〟を優先してかまわないと私は思っている。

ひどく縦に長いページや、大きな文字、顔文字、トリッキーなリンクも、それがあなたの持ち味であるならまったく問題ない。もちろん、〝人気〟が感じられて、しかも使い勝手のいいほうが理想であることはいうまでもないが。

「売れ筋の在庫数を表示する」――これだけで賑わい感が出ます！

店主の〝人気《ひとけ》〟だけでなく、顧客の〝人気〟を出すことも大切だ。顧客の〝人気〟を出す手法としては、次のようなものがある。

①オークションや共同購入を開催する
②売れ筋商品の在庫数を表示する
③注文配送状況を表示する

やはり、店主の〝人気〟を感じさせる場合と同じく、変化を感じさせるものが必要なのである。

このうち、①の「共同購入」というのは、購入者が増えれば増えるほど割引率が高まる仕組みを活用したキャンペーンのこと。

もちろん、売り手にとって、売上が上がるのはもちろんのこと、大量に注文を受けることで、仕入れ価格を下げられる可能性が高まるという利点があるわけだ。

入札者の数がだんだんと増えていくことで、〝人気《ひとけ》〟や賑わい感が出るだけでなく、運営者にとって割引リスクも低く、参加者が新規参加者を呼び込む、口コミも期待できる。

共同購入のシステムは、一般の通販ソフトではサポートされていないが、左ページに示すようなサイトを利用すれば、低価格でレンタルできる。うまく活用していただきたい。

また、②のように変化する数字を出すことで、〝人気〟を感じさせるという手もある。

在庫がゼロになって完売となった商品のページも、しばらく残しておくとよいだろう。

③の表示とは、たとえば「ただ今ご注文が大変込み合っており、到着まで一週間ほ

palpal

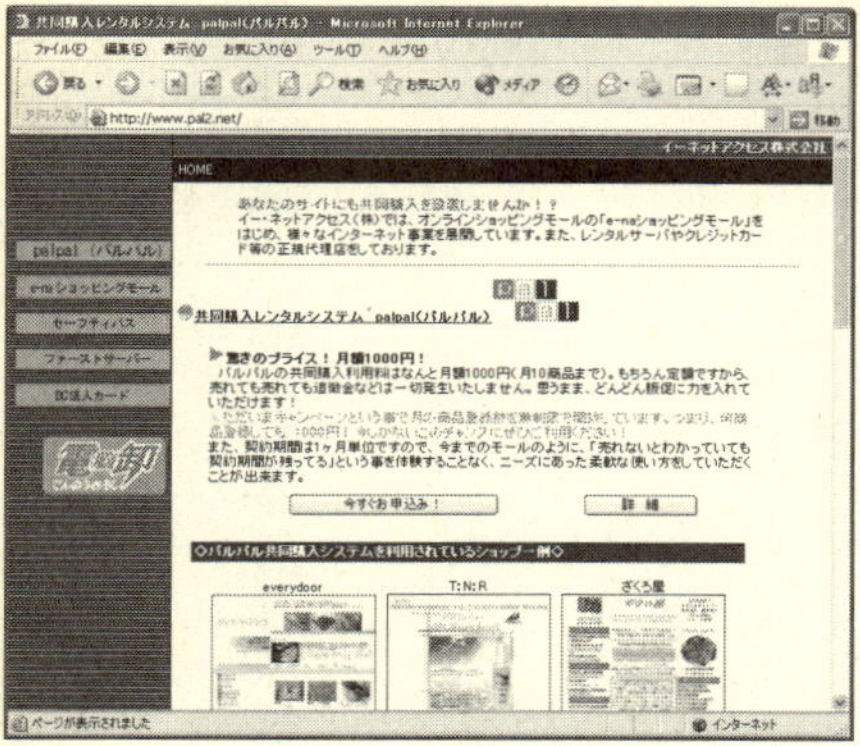

http://www.pal2.net/

月10製品まで、月額1000円の定額で利用できる。

anDNutsレンタル亭

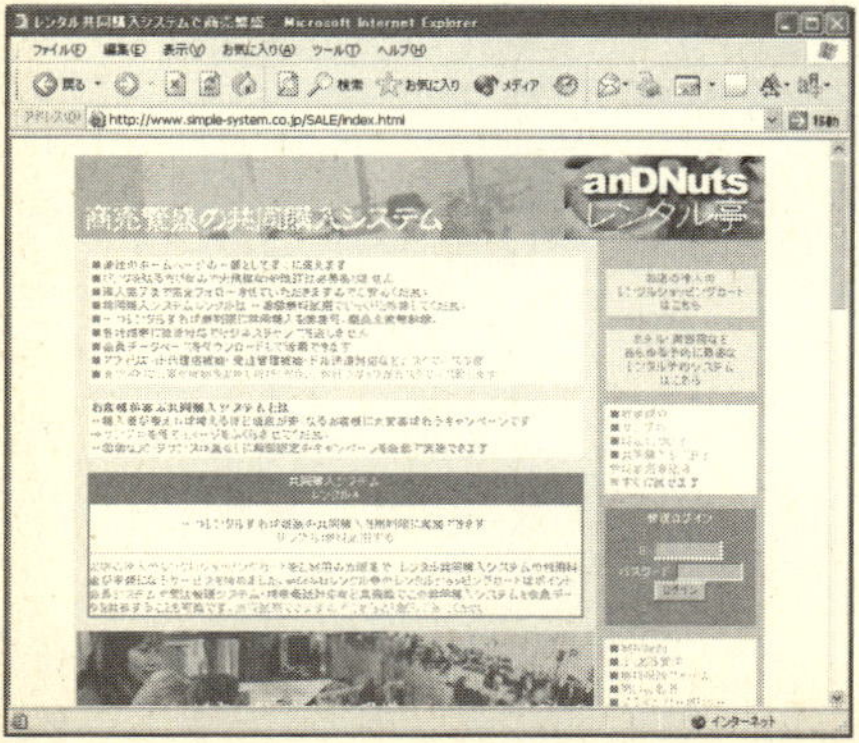

http://www.simple-system.co.jp/SALE/

月額1000円、1年契約なら1万1000円で利用できる。

どかかります」といったものだ。これもまた、賑わいを感じさせるものとして欠かせない。

低価格戦略――「ただの割引は×」「お試しセット・バラ売りは○」

転換率を上げる方法を、もう一つ紹介しよう。

それは、価格を下げることだ。いうまでもなく、値段が安ければ安いほど、買い手は多くつく。

とくに販売実績がないうちは、低価格商品の使い方一つで、訪問客を顧客化し、さらには顧客をリピーター化することも可能になってくる。そもそも、開店してまもない通販サイトでは、お客様が〝はじめの一歩〟を踏み出しにくいという面がある。

そんなときに、どうするかといえば、主力商品の大幅割引セールを行なったり、低価格のお試しセットを作ったり、高単価のものをバラ売りするのである。こうして、価格が安くなれば、はじめての人でも買いやすくなる。こうした商品を必ず設けておくことがポイントである。

ただし、低価格戦略を行なうときは、注意も必要だ。

それは、「割引価格が当たり前」と思わせないこと。さもないと、通常価格の商品が割高に感じられて、セール商品しか売れなくなってしまう。

一般的な方法としては、割引が行なわれる期間を限定することがあげられる。もちろん、「今回限定の割引セール」と、目立つようにホームページに記しておこう。あるいは、割引商品であっても、定価分の価値がある商品であることを力説するといった工夫も必要である。

セールのきっかけは何でもいい。開店一周年や二周年といったことならば、ごく自然であろう。どうしてもセールのネタに困ったら、記念日を活用しよう。たとえば、「今日は何の日」(http://www.nnh.to/)というサイトを参考にしてもよいし、自分の企画した記念日でもよいのだ。

「六〇〇〇円以上ご購入は送料無料」で「高単価層」を狙え

売上を伸ばすためのもう一つの要素は、お客様一人当たりの買上額を高くすることである。

もちろん、どれだけ買うかはお客様しだいなのだが、すこしでも高く買ってもらうテクニックは厳然と存在するのだ。

客単価を上げるもっとも有効な方法は、「○○円以上で送料無料」「さらに××円以上で△%OFF!」「□□円以上でおまけをおつけします」といった形で、購入金額が高くなればなるほど、いい特典がつくしくみを作ることだ。

しかしながら、このようなしくみを設ける目的は、ただ客単価を上げることにあるのではない。

「自分の狙ったターゲットに割安感を感じてもらい、逆に自分の狙っていないターゲットに割高感を感じてもらう」ことこそが真の目的なのだ。

というのも、個人事業の場合は、自分で決済処理から配送・会計処理まで一人で行なわなければならない場合が多く、客単価の低い顧客の注文を受けるのは、割が合わないこともある。

そこで、何がなんでも売るというのでなく、客単価の高いお客様にターゲットを絞るという発想が出てくるわけだ。

儲けの方程式③――客単価

①高額購入者への特典

ある一定金額以上お買い上げの方は送料無料にする、消費税分割引く、おまけを差し上げるなどの方法で、高額購入者に厚い特典を設ける。

↓

↑

②商品点数を増やしセット商品を作る

商品の組み合わせにより、新たな購買欲が生まれる可能性がある

③高額商品にチャレンジ

まずはまとめ買いのセットを作り、高額商品にしてみる

たとえば、「単価六〇〇〇円未満の顧客はターゲットにしたくない。単価六〇〇〇円以上買ってほしい」としたら、次のようにする。

①まず、自分のところの商品の単価を、競合するA店より高めに設定する
②六〇〇〇円未満の注文については送料をいただく
③六〇〇〇円以上の注文をいただいた場合は、送料も消費税も無料とするなどの特典をつけ、A店よりも割安になるように設定する

こうすれば、単価六〇〇〇円未満の顧客から見たら、「ここはA店より高い。これからはA店で買おう」となる。

逆に六〇〇〇円以上買う人にとっては「A店よりここのほうが安い。これからはここで買おう」となるわけだ。

これを長期的に続けていけば、客単価は大きく向上し、逆に小さな注文はほとんど来なくなる。

もちろん、高い買い物を望んでいても、初回は試し買いとして安い注文を入れると

いうお客様もいる。

そんなことがあるので、低単価顧客を一律で逃すのは得策ではない。たとえば、194ページ「低価格戦略」でアドバイスしたように、お試し用の低単価商品を作っておいて、それだけは六〇〇〇円以下でも送料・消費税を無料にする、初回購入者限定の大幅割引キャンペーンを行なう等、工夫をしよう。

あるいは期間限定で「初回購入時のみ後払い可」というキャンペーンを行なってもよい。

これならば、新規のお客様でも高額の買い物がしやすくなる。これを実施すると、すべての注文について、過去の購入履歴を調べなければならず、受注処理が煩雑になるが、それだけの効果はあるはずだ。

もちろん、体力と資本があれば、客単価の低い顧客（先ほどの例では六〇〇〇円未満）もA店以上に優遇してかまわない。そうすれば、客単価は落ちるが売上は伸びるわけだ。とくに、すでにターゲット顧客を囲い込んでおり、狙った客単価に近づいてきたというレベルならば、次の段階として低単価顧客にアピールしていくのもいいだろう。

「商品シリーズ」「まとめ買い商品」「セット割引」——単価を上げる技

客単価を高める方法の一つとして、商品点数を増やし、まとめ買いを促すという手がある。

商品点数を増やすと、一般的には在庫リスクも高まることになるが、メーカーや卸問屋から安定的に供給を受けられる商品で、小額小ロットで仕入れが可能な商品ならば問題はないだろう。時間を見つけて、どんどんホームページに掲載していこう。

商品点数が増えれば、検索エンジンにも引っかかりやすくなるだけでなく、ショップの信頼度も高まる。品ぞろえの少ない店より、多い店のほうが規模が大きく感じられ、お客様に安心感を与えるからだ。

ただし、商品点数が増えると、お客様が品物を探しにくくなるというデメリットもある。サイトの構造を見直すとともに、サイトマップページを作るといったように、求める商品にすぐたどりつけるような努力をつねに惜しまないことが大切だ。

商品点数が多くなったときには、セット割引商品も効果的だ。客単価が上がるだけでなく、商品点数が増えた場合にも、商品が見つけにくくなるというデメリットを回避できる。

また、セットの組み方によって、店主の持ち味を出すこともできる。新しい組み合わせを提案することによって、お客様の購買意欲をかきたてられる可能性もある。商品点数が増えてきたら、セット商品にも取り組んでいただきたい。

リピーターがついて売上が伸びてきたら、高額商品にもチャレンジしよう。

高額商品の第一弾として適当なのは、まとめ買いセットである。

たとえば、これまで一〇〇グラム単位で販売していた茶葉やコーヒー豆を、一キロ単位で売るなど、ロットの大きな商品を設定するわけだ。これなら新規に仕入れるわけではないので在庫リスクを負う心配もない。また、すでに自店についている顧客層にマッチしているため、販売リスクも低い。

自信がついてきたら、たとえば一品何万円もするような高額商品にも挑戦してみよう。最高級品の存在は、店舗の信頼度をいっそう高める効果もある。

あとは、商品ページを徹底的に作り込み、メルマガで商品のよさを存分に訴えるのだ。そして、これまで本書で説明してきたすべてを実践すれば、そうした高額商品も十分に売りさばくことができるはずだ。

圧倒的な集客力・優秀店舗の情報……「楽天市場」に挑戦すべき理由

自前の通販サイトが個人商店ならば、ショッピングセンターにあたるのがインターネットの「モール」である。

そして、数ある国内のモールの中でも、ほかを圧倒しているのが「楽天市場」（以下、「楽天」）だ。

では、自前の通販サイトで販売するのと、「楽天」に出店するのとでは、どちらが有利なのだろうか。

「楽天」に出店する最大のメリットは、そのすさまじい集客力である。「楽天」では部数四五八万部という膨大な部数のメールマガジンを配信して、こまめに来客を促してくれる。このアクセス量は、個人サイトではとうてい得られるものではない。

また、「楽天」の提供してくれる通販機能や顧客管理機能はたいへん充実しており、共同購入、オークション、懸賞などのサービスから、受注管理、クレジットカード承認プログラムなどの運営まで、必要なものは一通りそろっている。

サポート体制も充実している。操作や運営上のアドバイスをしてくれる専任の「ECコンサルタント」の存在は大きい。また、「楽天大学」という形でセミナー（有料）が開催され、「楽天」が蓄積したノウハウを学ぶことができる。年に何度か、ショップの運営者が集まる場も提供され、横のつながりができるのも嬉しいことだ。

もちろん、メリットばかりではない。「楽天」に出店するにはある程度の出店料がかかる。月額の出店料が、最も安価な「プレミアムライト」プランで、月額

楽天「取扱い高の推移」をチェック

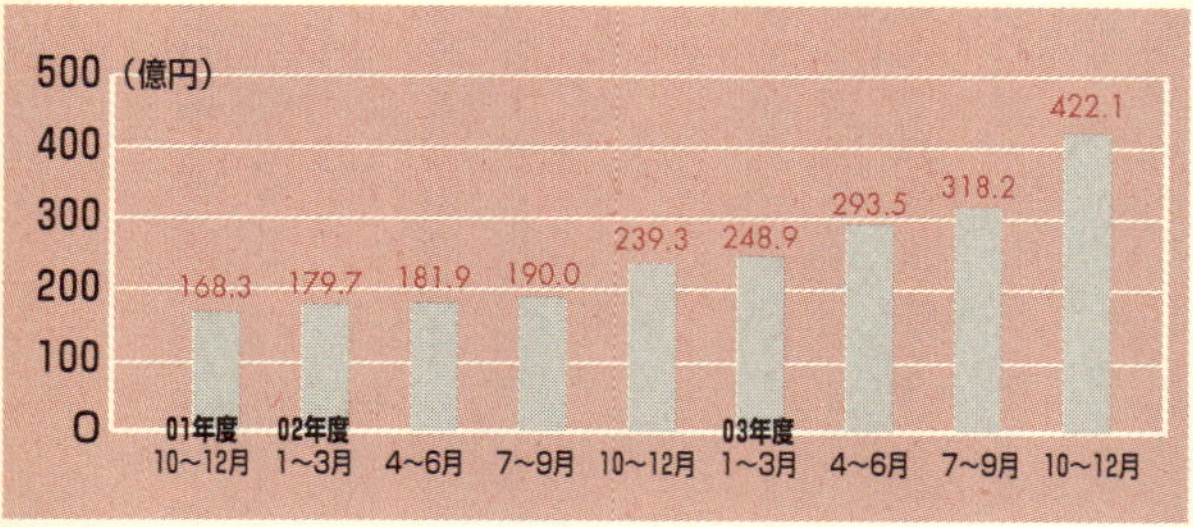

※流通総額：「楽天市場」内の取扱高の累計額（一部推定額）
モール（通常購入・スーパーオークション・共同購入）・フリマ・モバイル・ビジネスサービス・トラベル・ゴルフ・ブックス

三万九八〇〇円＋売上高の三・五パーセント〜五パーセント。これに、メール配信や懸賞応募数に応じたシステム利用料が加わるのだ。

要は、これを「集客力＝広告料金込み」と考えられるかどうかだろう。これまで何店舗も「楽天」に出店してきた私の考えでは、「たしかに『楽天』の利用料は安くないが自前の通販サイトを制作して広告を打つことを考えれば安い」という印象だ。

ただし、利益率の低い商材を扱ったり、大量のメールDMを送るという販売手法を採用する場合には注意が必要である。売上に応じてシステム利用料が上がるので、運営法によっては利益が薄くなるということもあるからだ。

また、「楽天」の中での競争も激しい。

二〇〇四年四月現在で契約企業は、「モール」のみで八二〇〇社。これから通販を始めようとすると、腕時計なら六二店舗、日本茶で四〇店舗が競合する。

インテリアにいたっては、すでに五一〇ものショップが出店しているのだ。しかもただの競合ではない。楽天トップページからの検索では、価格が比較できるうえに、「楽天」では、各ジャンル内の優秀店舗に毎年・毎月、賞を送っている。

この競争を勝ち抜く覚悟なくして「システムを作らなくていいし集客も簡単だから」

ショップ・オブ・ザ・イヤー2003

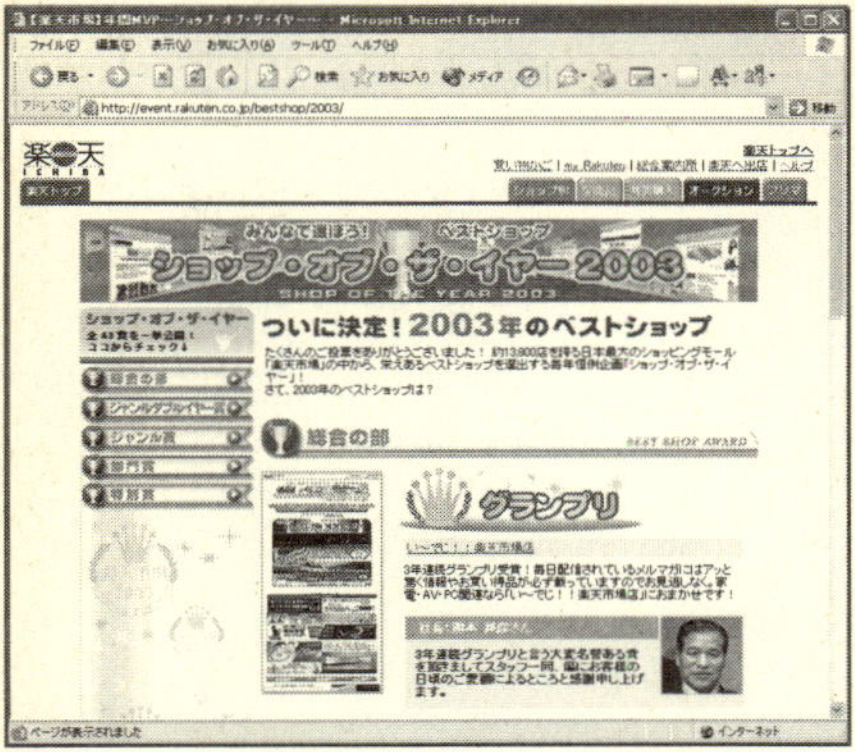

http://event.rakuten.co.jp/bestshop/2003/
「総合の部」のほかに、様々な部門の年間賞が設定されている。

月間MVP～ショップ・オブ・ザ・マンス～

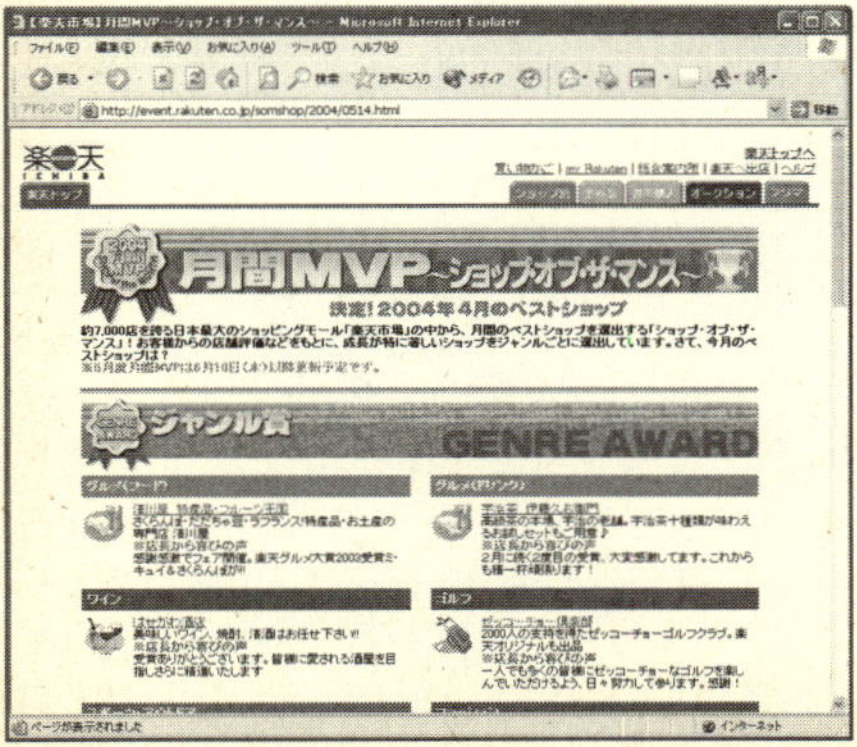

http://event.rakuten.co.jp/somshop/
様々な部門の月間賞。「メールマガジン賞」「共同購入賞」も、ぜひ目を通しておいてほしい。

といった安易な気持ちで「楽天」に出店することは避けるべきだ。

こうしたメリットとデメリットを考慮した上で、出店すると決めたら「楽天」に問い合わせてみよう。

「楽天」では、個人事業主であっても、審査さえパスできれば出店は可能だ。もちろん審査は甘くはない。ケースバイケースだが、過去の販売実績や今後の事業計画などが厳しい目で精査されるはずだ。だが、それを乗り越えてでも出店するメリットはたしかにある。できれば、自前の通販サイトで実績を作ったうえで、ぜひ「楽天」に出店を挑戦していただきたい。

最後に、日本最大のネット通販モール「楽天」のサイトから、優秀店の表彰ページを紹介しよう。「楽天」では、モールに出店している数千店の中から、顧客から高得票を得た、売上、アクセスの多い店舗を選び、定期的に表彰している。

もちろん受賞しているショップは法人ばかりだが、それでもセールの企画やメルマガの書き方などの参考にすべき点は多い。とくに、ランキング入りしているショップのメルマガは、必ず購読してみよう。

5 月数千円から十数万円まで——週末に「情報を売る」！

情報サイト――「サイトへのアクセスを金に換える」発想

ネットで売れるのは形のあるモノだけではない。
情報を売って稼ぐことも可能だ。

「情報を売る」というと、よほど貴重な情報でなくてはならないと思われるかもしれないが、そんなことはない。

1章の冒頭でも触れたように、私にも情報を売って大きな儲けを得た経験がある。一九九九年、パンダリーフを立ち上げる前のこと。友人とともに金融メールマガジンを発行し、「Ｔｒａｄｅｒ，ｓＮＥＴ」というオンライン証券の格付けサービスを始めたのである。

これは、勃興してきた数多くのオンライン証券を対象にして、手数料や使い勝手のよさなどを比較して数量化したものである。これが二〇〇〇年になって、日本進出を企図するアメリカの評価会社の目にとまり、五〇〇〇万円という価格で買い取られたのである。

このとき私たちが集めた〝情報〟というのは、けっして命をかけて企業秘密を探ってきたといったものではない。その気になれば、誰でもパソコンの前で集められた情報である。問題は、それをどのような形でまとめ、わかりやすく加工するかということなのだ。

このように、売る情報は、貴重極まりないものである必要はない。人並みよりも、ややまさっている情報(あるいは情報ルート)を持っていれば、それをネットに公開することによって、お金に換えることができるのだ。

たとえば、次のようなものである。誰でも、一つや二つ思い当たるものがあるのではないだろうか。

①人並み以上に凝っている趣味やコレクション
②アマチュア研究家として積み上げた研究成果
③自分が体当たりで取ってきたオリジナルの取材レポートや体験記

たとえば、鉄道好きな人ならば、全国各地の鉄道の最新情報や鉄道会社のプレスリリースを集めて公開するというのでもいいだろう。古墳の研究をしている人ならば、研究成果をまとめてホームページなり、メールマガジンなりで発表するのでもいい。「自分の持っている情報を公開しても、役に立たないのではないか」とか「ばかばかしいと思われるのではないか」などという遠慮は無用だ。むしろ、世間一般の人がやっていないような趣味や研究のほうが貴重なのである。

「情報」の内容を決めたら、まずは自分で情報サイトを立ち上げよう。通販サイトと違って、買い物かごも決済システムも顧客管理システムも不要だ。サーバを借りたら、「フロントページ」や「ホームページビルダー」などのホームページ作成ソフトを使ってホームページを作成し、アップロードするだけである。

ちなみに、一般的な情報サイトを公開するだけならば、「ニフティ」や「ビッグローブ」などの大手のプロバイダの会員用ホームページでも可能である。ただし、次項以降で紹介する商用の利用をするとなると、プロバイダによっては制限をしているところも多い。くわしくは、各プロバイダの利用規約を参照してほしい。

情報サイトで儲けるといっても、自分の知っていることをホームページに書いて公開するだけでは、当然のことながら金は入ってこない。

「あなたの情報」を「お金」に換えてみよう

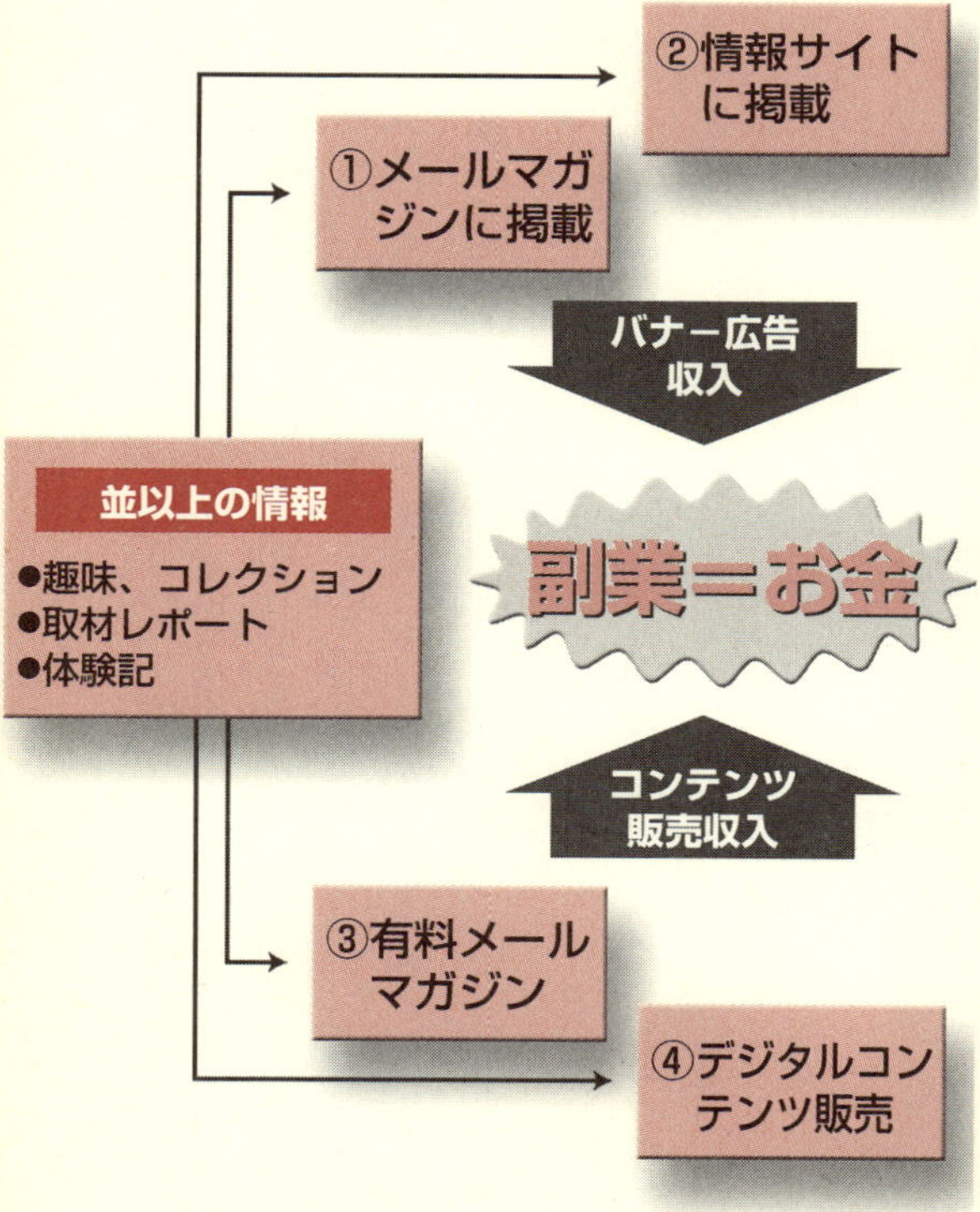

そこで、自分のホームページへのアクセスを、どうやれば金に換えられるかを考えることになる。ここでは、その方法について説明していくことにしよう。

ところで、情報サイトというのは、通販サイトに比べてコストがかからず、仕入や決済、配送などのリスクや手間がないのがメリットではある。だが、そのぶんだけ、必然的にローリターンのビジネスとなるのはやむをえないところだ。月に数千円から、せいぜい十数万円程度のリターンというのが一般的だろう。

それでも、がっかりするのは早い。情報の内容やそのまとめ方しだいでは、通販以上の収益を上げることも不可能ではない。

バナー広告は「ほどほど目立つところに貼る」が、コツです！

自分の情報サイトでお金を稼ぐもっとも手っ取り早い方法は、バナー広告を貼ることだ。バナー広告には、大きく分けて以下の三種類がある。

①インプレッション保証

②クリック保証
③成果保証

①は、ホームページを訪問した者がバナー広告を見た（ブラウザに表示した）時点で広告収入が発生するものだ。最近は下火であまり見かけない。

②は、訪問者がバナー広告をクリックした時点で広告収入が発生する。こちらもやはり下火になりつつある。

これに対して③は、ページ訪問者がバナー広告をクリックし、さらにその広告主のサイトで資料請求や購入といった処理を行なった時点で、広告収入が発生するものである。現在、「アフィリエイト」と呼ばれているのは、このシステムを指している。

ちょっと聞くと、ホームページ運営者側からしたら、①が得で③が損なように受け取れるが、実際にはそうでもない。①は広告収入が低く、一表示当たり〇・〇一円前後。②は一クリック当たり一〇円前後で、③は一成約当たり数百円程度と、だんだん高くなる。

結果的には①〜③のいずれを貼っても広告収入はそれほど変わらないわけだ。そうなると、努力しだいで収入が増えていく③がベストといえるだろう。

それでも、いったんバナーを設定すれば、あとは何をしなくても金が入ってくる可能性があるので、「楽して儲ける」という気分にはなれる。

ところで、バナー広告を貼って広告収入を得るためには、専門の広告会社に登録する必要がある。取り扱う会社は多数あるが、ここでは私がお勧めする会社をピックアップしてみたい。

「バリューコマース」(http://www.valuecommerce.ne.jp/)は、①〜③のすべてに対応。「バリュークリックジャパン」(http://www.valueclick.ne.jp/)は①②に対応している。

また、「グーグル」と「アマゾン」にも同様のサービスが存在しており、前者では②に対応した「アドセンス」(http://www.google.com/adsense/)、後者には③に対応した「アソシエイト・プログラム」(www.amazon.co.jp/associates/)がある。

月に数千円儲かれば御の字だと書いたが、それでも収益をすこしでも上げるためには、ページの内容に合った広告を選ぶことが第一である。そのとき、バナー広告や商品リンクを〝ほどほどに〟目立つところに貼るのがコツである。

あまり目立つところに貼りすぎると、強制されているような印象を受けて、訪問者はクリックしたくなくなるので注意してほしい。また、せっかくホームページの情報が公正中立であっても、商用の宣伝情報と思われてしまい、情報サイトの根底が崩れることになりかねない。広告は、あくまで読者の視点に立って掲載していこう。

「無料メールマガジンで稼げる」方法まであった！

メールマガジン（無料）の発行も、情報サイトでの金儲けに欠かせない。

無料のメールマガジンなのに、なぜ収入があるのか不思議に思われるかもしれないが、それはこういうわけである。

第一に、メールマガジンを発行することで、自分の情報サイトへのアクセスが増える。すると、ホームページに貼られたバナー広告へアクセスする人も、自然と増えるという理屈である。

そして、もう一つの理由は、メールマガジンそのものにも広告を掲載することによって、そこから広告収入が得られるからだ。

メールマガジンの内容は、ホームページの情報を丸ごとコピーして発行してもよいが、それでは読者は増えていかない。できることなら、〝メルマガ限定〟情報をすこしでも加えたいところだ。

それがむずかしいようならば、「編集後記」であなたの考えを述べるだけでもいい。要は、メルマガ読者に対して、サイトを訪れるだけでは得られないお得感を与える工夫をすることである。

無料メールマガジン発行サイトでお勧めなのは、「まぐまぐ」(http://www.mag2.com/)、「ｍｅｌｍａ!」(http://www.melma.com/)、「めろんぱん」(http://www.melonpan.net/)、「メルマガ天国」(http://melten.com/)、「カプライト」(http://kapu.biglobe.ne.jp/)、「Ｍａｃｋｙ!」(http://macky.nifty.com/)といったところだ。

原則として、メルマガはこの発行サイトすべてに登録し、すべてから発行しよう。いうまでもなく、そのほうが読者が早く増えるからだ。

ここにあげた六つのサイトは、広告の入り方に多少の違いがある。「ｍｅｌｍａ!」は強制的にバナー広告が入り、「まぐまぐ」では広告を掲載するかしないかが選択できる。そのほかの四つのサイトでは広告を掲載してくれない。

広告を掲載してくれないサイトからは、発行する意味がないように思われるが、そうではない。メルマガ発行サイトが提供する広告がないというだけであって、自分で広告を集めればいいのである。

そのためには、自分のサイトやメルマガ上で、自主的に広告を募集しよう。たとえば、自分のサイトに「広告について」といったページを設けて、次のように書き記せばいい。

「私のメールマガジンに広告を掲載しませんか？　ヘッダー（メールマガジンの最上部）なら一部あたり〇・一円、フッター（メールマガジンの最下部）なら〇・〇五円です」

広告を掲載してくれないメルマガ発行サイトでも、発行者自身が広告を貼るぶんにはとがめられることはない。もっとも、広告だけが目的で、ほとんど内容のないメールマガジンを発行していると、登録を抹消されることもあるので注意してほしい。

また、自分の持っている情報が、価値の高いものだという自信があれば、有料メールマガジンを発行して稼ぐという手がある。

この場合、サイトには〝さわり〟を紹介しておいて、肝心な部分は有料メルマガに掲載するというのがいい。

有料メルマガは、前述の「まぐまぐ」や「ｍｅｌｍａ！」で受け付けており、それぞれ「まぐまぐプレミアム」(http://premium.mag2.com/)、「ｍｅｌｍａ！ＤＸ」(http://deluxe.melma.com/)という名称で提供されている。

ただ問題なのは、有料メルマガの認知度や利用度がいまだに低いことである。いかに情報の質が高くても、サイトへのアクセスが多くない限り、有料メルマガで儲けるのはむずかしい。

しかし、仮に一部五〇〇円として、読者が一〇〇〇人つけば、発行するごとに五〇万円の収入が生じることになる。実際には、四〇パーセント前後の高い発行手数料を取られることになるのだが、それでもなお、バナーによる収入を上回ることは確実だ。自信のある方は、ぜひ有料メルマガに挑戦していただきたい。

小説・音楽・写真……「自分の才能」を「大金」にしたい場合は？

儲かったときの金額がもっとも高くなる可能性が高いのは、文章や音楽、写真など、自分の作品を形にして販売した場合である。

たとえば、ホームページやメールマガジンに書きためた文章を練り直し、出版社に持ち込んでみるというのも一つの手だ。うまく本にすることができて、しかもミリオンセラーにでもなれば、莫大な収入が期待できる。

そこまでいかなくても、ネット上で安価で本を作ってくれるサービスを利用して、自費で本を制作してみてはいかがだろうか。最近では、ネットでブームとなった本が店頭販売されて、ベストセラーになるといったケースもある。そうなると、一攫千金も夢ではない。

「ネオブックプロジェクト」（http://neobook.gozans.com/）を利用すると、パソコン上で読むＰＤＦファイル形式の「電子本」と、紙に印刷された「紙の本」のどちらも作成できる。基本的な費用は五万円（オプション費用があるので、詳細は直接問い合わせてほしい）で、出版方式は注文がきてから印刷される「オンデマンド出版」を採用しており、読者は一冊からでも注文できるしくみだ。

「ネオブックオーディション」（http://www.gozans.com/audition/）は、応募された作品の中から、年に数回、優秀作品を選定して出版してくれるサービスだ。自信作ならば、こういったオーディションに応募するのもいいだろう。

自分で音楽を作る人は、専門ショップの「SoundMacketCUE」(http://www.pme.jp/shop/)に登録して販売してみよう。DVD、CD、CD—R、MD、カセットテープなど、様々なメディアに録音・録画されたものを、あなたに代わって販売してくれる。

また、ニフティの会員ならば、個人のホームページ上で公開している「オリジナル壁紙」「写真」「素材集」「音楽」「映像」などのデジタルコンテンツを販売できる「アット・ペイ」(http://pay.nifty.com/pay/servlet/list/)というサービスがある。

また、私のように情報サイトを企業に売却するのも儲ける道だ。かなりの完成度が求められることはいうまでもないが、チャレンジしていただきたい。

デイトレード――リスク・ストレスなしの「第2段階」で楽しむ!

インターネットを利用した副業として、通販と同様に人気が高いものに、株式投資がある。

株式投資というとハイリスク・ハイリターンという印象があるかもしれない。だが、一日中相場に張りついて短期売買を繰り返せば、大儲けすることは少ない一方（すぐに利益を確定してしまうため）、大損することもなくなる（すぐに損失を確定してしまうため）。

このようにして、一日中金融（おもに株式）相場に張りつき、金融商品の短期売買で利益を上げる個人投資家のことを「デイトレーダー」と呼ぶ。

デイトレードの基本スタンスは、限定されたリスクとリターンの隙間で、小刻みに利ざやを稼ぐことなのである。

本格的に取り組むには、かなりの勉強

K-ZONE

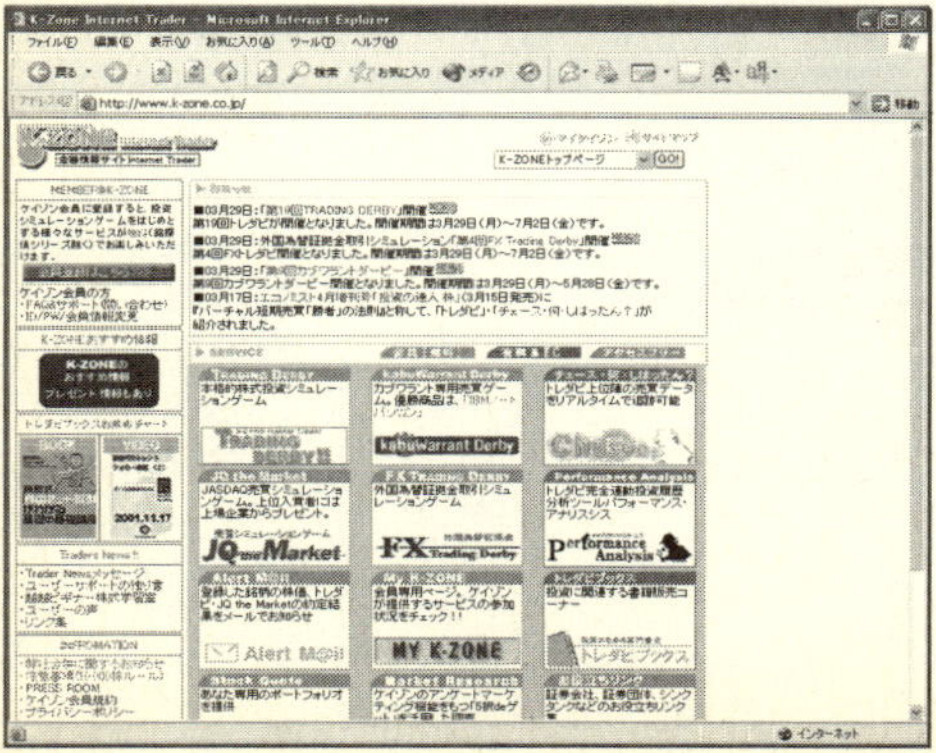

http://www.k-zone.co.jp/
代表的な仮想株式投資サイト。成績優秀者には豪華賞品まで用意されている。ここでしっかりトレーニングを積もう。

と売買経験が必要ではあるが、自分なりの投資理論を確立していけば、副業はおろか、デイトレードだけで食べていくことも夢ではない。

ここでは、まったくの株式投資初心者が、デイトレーダーになるための方法をご紹介したい。

①第1段階：仮想株式投資サイトで修練を積む

仮想の資金を元手に、仮想の株を売買できる練習のためのサイトがいくつかある。

資金と株が仮想であることを除けば、実際の株式相場と同じ。だから、ノーリ

野村證券(バーチャル株式投資倶楽部)

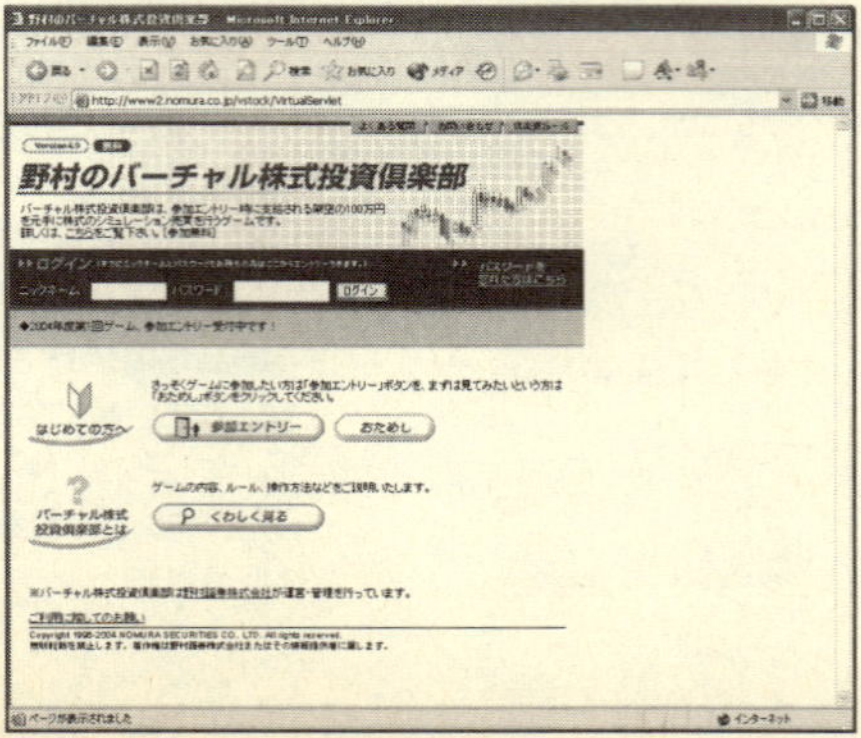

http://www2.nomura.co.jp/vstock/VirtualServlet?
「K-ZONE」同様、ノーリスクで仮想株を売買できる。元手が100万円(仮想マネー)というのが現実的でよい。

イー・トレード証券

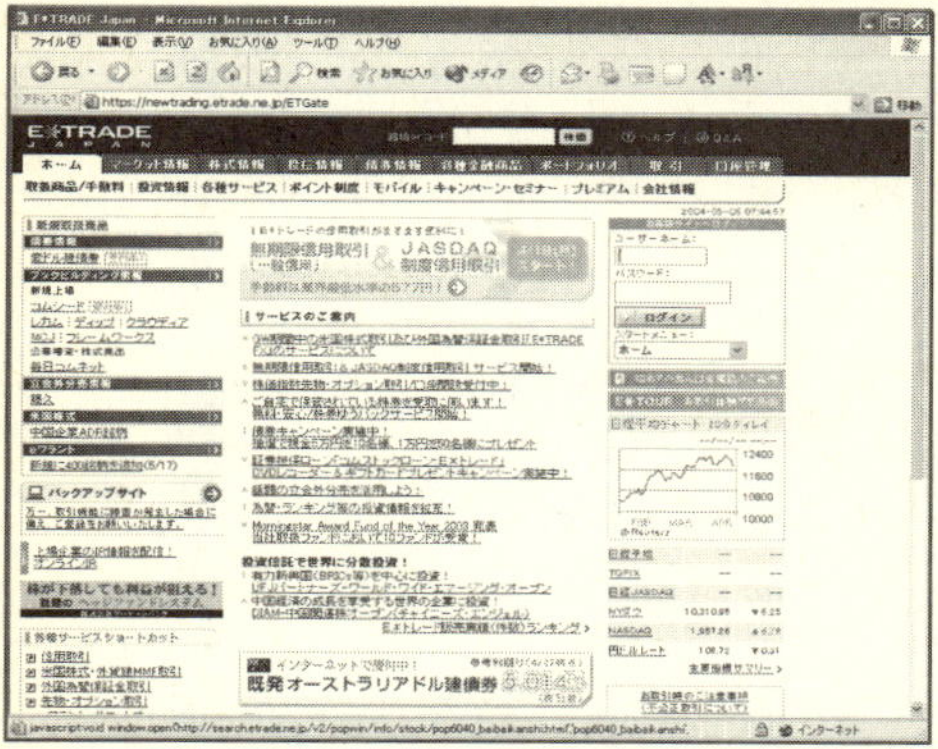

http://newtrading.etrade.ne.jp/ETGate
Eコマース評価会社ゴメスのオンライン証券ランキングで、総合1位を5期連続で獲得している優良オンライン証券会社。

楽天証券

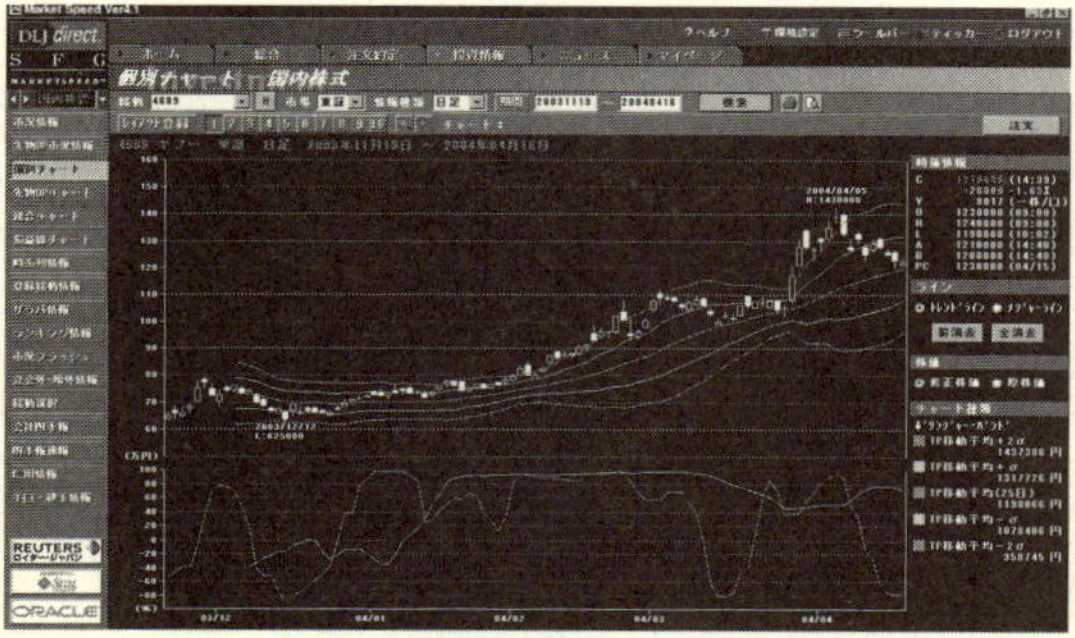

私が活用している証券会社。同社が提供するソフト「マーケットスピード」で情報分析から株の売買、資産管理までできる。

スクでとことん株式投資の練習ができるというわけだ。

②第2段階：オンライン証券で少額投資に挑戦

短期売買で成功するためには、オンライン証券の選び方が重要だ。

選択の基準は、「情報提供が充実している」「売買機能が充実している」「売買手数料が安い」という三つの条件。この条件を満たしている「イー・トレード証券」「DLJdirectSFG証券」「カブドットコム証券」の三社がお勧め。

口座を開設したら、まずは数万円程度を元手に、一つの銘柄に絞り込んで売買を繰り返し、本物の株式相場に慣れてい

カブドットコム証券

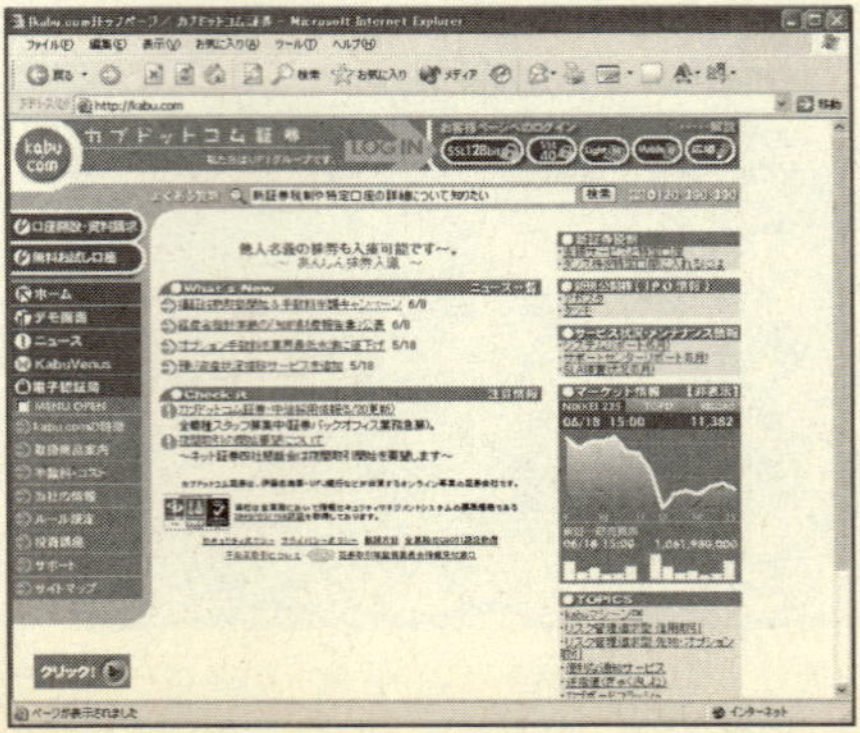

http://kabu.com
まずは、左上にある「口座開設・資料請求」をクリックしよう。名前や電話番号などを登録すると、「カブドットコム証券の総合取引口座申込書」が郵送されてくる。

こう。

とくに、短期売買には株価チャートの分析が欠かせない。自分なりのチャート解釈論を磨いていこう。

③第3段階：本格的にデイトレードを行なう

慣れてきたら、第3段階に進む。

徐々に投資金額を増やし、投資銘柄数も増やしていこう。

また、債券や海外株式にも目を向けるとともに、空売りなどの高度な売買手法についても勉強し、あらゆる相場のあらゆる局面にチャンスを見出せるようになっていくといい。

個人的には、デイトレードのみで生活することはお勧めしない。

それなりに儲かるようになったとしても、連日相場を張りつづけるわけだからストレスもたまりやすいし、何より毎月（毎日）の収益が安定せず、先々の見通しが立たないからだ。

だが、前ページ②で示した第2段階であれば、リスクもストレスも少なく、それなりに副業として成立する。

やはり、素人の方がデイトレードを楽しむのであれば、この第2段階がいいだろう。本業で得たボーナスの一部を元手に、株式投資にチャレンジしてみてはいかがだろうか。

6

トラブルをゼロにする！ インターネット副業「法律の常識」

1 副業の「税金・法律」――これで問題は起こりません！

「許される副業」と「許されない副業」があります！

本書で私が書いてきた内容に忠実にしたがえば、あなたの通販サイトの売上は順調に伸びていくことだろう。そして、あなたは嬉しい悲鳴をあげながら、お客様の対応や仕入れに追われることになるはずだ。

だが、ここで一つ問題が生じる。

それは、あくまでも副業は副業であるということである。

あまりに副業が忙しくなり、本業に差し支えてしまっては本末転倒になってしまう。

それどころか、副業をしていることが会社にバレて、へたをすると減給や懲戒処分になる恐れもあるのだ。いずれにしても、インターネット副業をする前に、あらかじめ会社の内規を確認しておこう。

もっとも最近では、給与をカットする代わりに、社員の副業を認めるという企業が増えているようだ。新聞や雑誌の調査によれば、約半数の企業が社員の副業を認めているか、あるいは黙認しているという。ただ、副業が認められているとはいっても、副業の内容に問題があったり、副業のために本業がおろそかになったりすると、やはり処分の対象になってしまうので注意したい。

それでは、どのような副業が許されて、どのような副業がアウトなのだろうか。確実なことはいえないが、様々な例をもとに考えてみよう。

まず、3章で紹介したようなオークションサイトへの出品だが、これならば副業禁止の会社でも、まず問題になることはないだろう。もっとも、夜を徹して熱中しているために、遅刻の常習になったり、会議中に居眠りばかりしたりとなると問題である。いうまでもなく、オークションサイトに、会社の製品や備品を勝手に持ち出して出品するというのは問題外だ。

4章で紹介したような本格的な通販サイトとなると、副業禁止の会社では、バレると処分の対象になりそうだ。

副業が許されている会社であっても、副業の連絡に会社の電話やファクスを使うのはマズい。メールでのやり取りも避けてほしい。会社のメールというのは、その気になればシステム管理者がすべてチェックできるからである。

どうしても連絡を取りたいときは、メールを携帯電話に転送する設定にしておいて、休憩時間やトイレで確認するのがいいだろう。

あくまでも副業であることを頭に入れて、本業との兼ね合いに注意しながら、金儲けに励んでいただきたい。

副業でも「年間二〇万円以上の所得」は確定申告が必要

副業ならば税金はかからない――そんな誤解をしている人がいるようだ。

しかし、いくら副業であっても、年間で二〇万円（副業だけで）を超える所得があれば、税務署に報告しなければならない。それが、毎年行なわれる確定申告である。

確定申告というのは、一年間の売上や経費などの金額や内訳をまとめて、税務署に報告する作業のことである。

確定申告の結果に応じて、あなたに対する翌年の税金や健康保険の金額が決められる。だから、所得があるのに確定申告を怠ると、脱税という立派な犯罪になってしまうので注意してほしい。

ちなみに、税務でいう「所得」というのは、「収入（売上）」から「仕入」や「経費（必要経費）」の額を引いた利益のことを指す。これはしっかりと覚えておいてほしい。

たとえば、通販サイトで年間三〇〇万円の売上があったときに、仕入額が計一〇〇万円、経費が八〇万円かかったとすると、所得は三〇〇－一〇〇－八〇＝一二〇（万円）ということになるわけだ。

確定申告をするには、ふだんから入金や出金の明細を、会計のルールにしたがって処理しておく必要がある。そのデータをもとにして、年に一回確定申告用紙に記入して税務署に提出するわけだ。

だが、この会計処理は、面倒くさいと感じる人が多い。かといって、税理士に依頼すると、手間はかからなくて楽ではあるが、年間二五～五〇万円程度の報酬を支払わなければならない。よほど儲かっているのならば別だが、副業の身にとってはかなりの出費である。

そこでお勧めなのが、会計ソフトである。現在では安価で使い勝手のいいソフトが、各社から販売されている。これを使えば、初心者でも簡単に帳簿を作成することができるので、ぜひとも利用したい。

企業用の会計ソフトは数万円もするものがあるが、個人事業者用ならば「やよいの青色申告2」（弥生　一万二六〇〇円）のように一万円台で買えるものが多い。

会計ソフトを使うメリットは、一日に数分ほどデータ入力をするだけで、簡単に確定申告用の帳簿をつけられることだ。これさえあれば、確定申告前に必要書類をいつでもすぐに印刷できる。

もう一つのメリットは、つねにその時点での所得が計算できるので、儲かり具合をチェックしながら設備投資、広告費、接待交際費などに投資するといったように、柔軟性のある金の使い方ができ、節税しやすいという点である。

また、会計ソフトでは、自動的に複式簿記の形式でデータの入力・管理ができ、必要な帳簿が自動的に作成される。そのため、税制面で有利な青色申告が、誰にでもできるというメリットもある。

ただし、会計ソフトが便利だとはいっても、最低限の仕訳の知識は必要である。副業が忙しくならないうちに、わかりやすそうな仕訳の参考書を購入して読んでおこう。

本書の冒頭で、私は「副業をするならば個人事業がいい」と書いた。

これは間違いないのだが、「自分は、月に一、二回オークションをするだけだ」という程度の〝副業〟ならば、わざわざ個人事業の登録をすることはないだろう。金の出入りについても、会計ソフトを使うまでもないかもしれない。

それでも、会社からの給与所得のほかに、所得が二〇万円を超えると、前述のように確定申告が義務となる。

このように、給与所得がメインの人で、副業の所得がそれよりもずっと少ないという場合には、確定申告の時期がきたところで、税務署に「所得税の確定申告書A」という用紙をもらいにいって記入し、提出しよう。書き方の見本もついているので、それを見ながら、前年の一月から一二月までの収支を書き込めばいいわけだ。

所得の大半が給与所得ならば、副業の収入や所得の金額をそれぞれ合計して、「雑(所得)」の項目に記入すればいい。会計ソフトも必要ない。

なお、所得が三〇〇万円を超えると帳簿をつける必要が生じる。この場合には、会計ソフトは必須といえよう。三〇〇万円以下の場合でも、経費の証拠となる領収書やレシートは必ず保管しておこう。レシートが出ない交通費などは、ノートにメモをしておくといい。

こんなとき「青色申告の申請」をしましょう！

副業が軌道にのり、その所得が給与所得と同じレベルに達したら、ぜひとも個人事業として届出をしよう。

個人事業として認可されれば、所得の種類が「事業（所得）」となり、確定申告の際には「所得税の確定申告書B」という用紙を使う。所得や必要経費の内訳を書く手間がかかるが、それは会計ソフトを使っていれば何の問題もない。

個人事業にすると、節税効果が期待できる。

家族を従業員として扱い、その費用を必要経費に算入できる「専従者控除」や、副業の赤字と給与所得を相殺して税金が減らせる「損益通算」という方法がとれるのもその一例だ。

個人事業として登録するには、税務署におもむいて備え付けの届出書に記入して提出すればよい。これで、あなたは晴れて個人事業主となるわけだ。

ところで、せっかく個人事業の届出をするならば、同時に青色申告の申請もしたい。白色申告（通常の確定申告）から青色申告に変えることによって、さらに節税効果が高まるからだ。

第一に、青色申告にすれば、青色申告特別控除として五五万円が控除される——つまり、課税の対象額から除かれる。さらに、家族の従業員に対する給料やボーナスを「専従者給与」として必要経費に参入できる。専業主婦をしている奥さんや、一五歳以上の子どもに仕事を手伝わせて、その給料を経費にすればいいわけだ。

一方、青色申告をするためには、きちんとした帳簿をつけたうえで、貸借対照表、損益計算書を作成しなければならない。

面倒そうに聞こえるが、じつは財務会計ソフトを使ってデータを入力していれば、あっというまに出来上がってしまうものばかりなのである。これならば、青色申告にしない手はない。

青色申告の申請手続は、税務署におもむいて書類に記入して提出すればいい。最近では、国税庁のホームページ(http://www.nta.go.jp/category/yousiki/syotoku/annai/

09.htm）から書類をダウンロードして記入し、郵送してもよいことになった。

週末副業・節税マニュアル――「必要経費」をいかに増やすか

サラリーマンと個人事業とでは、所得税の払い方に大きな違いがある。

サラリーマンは、毎月の給与の中から所得税が天引きされる。しかし、事業所得に対する所得税は、確定申告の際に自分で計算して、その額を後払いすることになる。だから、副業で大儲けしたからといって、調子に乗って金を使い果たしてしまうと、翌年に税金が払えなくなってしまうので注意が必要だ。

ところで、税金を算出する対象になるのは、収入から仕入れ額や経費等を差し引いた所得である。だから、いくら収入が多くても、所得を低く抑えれば税金は安くなるわけだ。とはいっても、仕入額は決まっているから、あとは必要経費をいかに増やすかに心を砕けばいいのである。

もちろん、仕事に関係のない費用までも算入すれば〝脱税〟となってしまうが、仕事に必要な経費を算入するかぎりは〝節税〟と呼ばれる。

通販サイトを開設・運営していくうえでの必要経費といえば、まず通販ソフトや画像編集ソフトなどの購入代金、サーバのレンタル費用、アフィリエイトによる広告費、荷造発送の費用、事務用品や参考書などの購入費用、交通費などがあげられる。これらは、まず問題なく認められるだろう。

また、家賃、電話料金、光熱費も必要経費にできる。

ただし、自宅をかねている場合には、仕事用に使っている割合だけが必要経費に算入できる。たとえば、自宅の総面積の約三分の一を仕事用にしていれば、家賃の三分の一が必要経費になる。

電話料金や光熱費、あるいはガソリン代についても、仕事用に使っている割合をおおまかに計算して、必要経費に算入すればいい。

パソコンや自動車などで、購入価格が一〇万円以上のものは、減価償却という方法で毎年一定割合（あるいは一定額）ずつ必要経費に算入する。

仕事の打ち合わせで喫茶店を利用したときや、取引先の人に食事をごちそうしたときなども、常識的な範囲内でそれぞれ会議費、接待交際費として必要経費に算入できる。

「会社に黙って副業をしている人」はここを読む！

申告した所得金額は、所得税の額だけでなく、住民税（地方税）や社会保険料（健康保険料）を計算する際の基準にもなる。

住民税を例にとると、税務署が把握した所得金額をもとにして、自治体が税額を計算してあなた（あるいはあなたの会社）に通知してくるわけだ。サラリーマンならば、住民税や社会保険料もすべて天引きなので、ピンとこないかもしれないが、ここに大きな落とし穴があるので注意してほしい。

問題なのは、会社に黙って副業をしている場合である。自治体から住民税額の通知が会社に届いたらどうなるか。当然のことながら、給与以外に収入があることがバレてしまう。これでは、黙って副業していた意味がない。

こんなことにならないためには、住民税の通知が会社にこないようにすればいい。それには、確定申告の用紙にある「給与所得以外の住民税の徴収方法の選択」という項目で、「自分で納付（普通徴収）」にチェックを入れることである。こうしておけば、住民税の通知は自宅に郵送されるので、その金額を自分で払い込みにいけばいいのである。

しかし、「給与から差引き（特別徴収）」にチェックを入れたり、どちらにもチェックを入れなかったりすると、住民税を会社の給料から天引きさせるべく、住民税額が会社に通知されてしまうわけだ。もちろん、会社も自分も納得して副業をしている場合には、こちらの方法をとっても構わない。

「一年間の所得が九〇〇万円！を超えた」場合

個人事業による通販サイトがさらに順調に進んだら、法人化も検討しよう。有限会社や株式会社とするのである。

ここまでいくと、本書が受け持つ〝副業〟の範疇を超えてしまうが、そのときになってあわてないために、あらかじめ頭に入れておくといいだろう。

一般的には、年間の所得が九〇〇万円を超えると、法人化したほうが有利だといわれている。これ以上の所得があると、個人事業ではかえって税制面で不利になってしまうからだ。

個人事業と法人でもっとも違う点は、あなたの懐に入ってくるお金の性質である。個人事業では、事業で得た所得はそのままあなたの所得になる。これに対して、法人化した場合には、社長であるあなたに対しても、会社から給料が支払われる（つまり会社にとっての経費になる）という形になる。

つまり、「個人事業の場合のあなたに対する所得税」と「法人化した場合の会社に対する事業税＋あなたに対する所得税」とを比較してみて、どちらのほうが支払う税金が少なくて済むかを考えればいいわけだ。

いちがいにはいえないが、少なくとも年間の所得が八〇〇万円を超えるあたりまでは、個人事業がいいと私は思う。そして、可能な限り経費で落として節税するのが適当だろう。

そして、八〇〇万円を超えたあたりで法人化し、こんどは会社の利益を自分自身の給与にあてることによって、全体の節税を図るのが妥当であると考える。

法人化すると設立の費用や手間がかかり、会計処理にも厳密性が求められる。そのプラスマイナスも考慮に入れる必要があるだろう。

キャッシュフロー・客単価・転換率の「三つ」は必ずチェック！

ところで、企業でいう「会計」には、ここまで説明した「財務会計」のほかに、「管理会計」というものがある。

これは、社内において売上の分析や意思の決定を行なうために、独自ルールで行なう会計のことだ。

個人で通販サイトを運営するときも、やはり管理会計をやっておくべきだと私は考える。とはいっても、専用の高価なソフトを使うことはない。「エクセル」で売上管理表を作成し、ジャンル別の売上、トップページのアクセス数、注文件数、送料、仕入高などを記録すればいいのである。

通販サイトの場合、毎日チェックしておきたい重要な指標は、「キャッシュフロー」「客単価」「転換率」の三つだ。ちなみに、ここで言う「キャッシュフロー」は、日々の売上分析に使う指標であって、会計学の定義とは異なる。

それぞれ、次の式で算出できる。

・キャッシュフロー（日）＝売上総額（日）－仕入高（日）－支払送料（日）－販促費（日）－（通信費／三〇）
・客単価（日）＝売上総額（日）÷注文件数（日）
・転換率（％）＝注文件数（日）÷トップページのアクセス数（日）×一〇〇

こういったデータをチェックすることによって、日々のキャッシュフローが把握できるだけでなく、売上の傾向も見えてくる。

とくに、懸賞キャンペーンやセールを実施したり、広告を出したりしたあとには、必ずこうしたデータを元に分析を行ない、より効果の高い販促手法を目指すヒントにしよう。

2 トラブル防止法——「商品・資格・手続き」のここに注意！

ユーズド商品——「他人が使った物を売る場合」は気をつける！

通販サイトやオークションサイトで中古品を売る場合には、古物営業法の規制対象となり、古物商としての〝許可〟が必要だ。

古物営業法によると、古物とは「一度使用された物品若しくは使用されない物品で使用のために取引されたもの又はこれらの物品に幾分の手入れをしたものをいう」とあり、古本、中古CD、中古パソコンなどはもちろんのこと、骨董品や郵便切手、コイン、金券なども含まれる。

もっとも、これに該当する場合でも、自分が使った物を売るだけなら許可はいらない。あくまでも、他人が使った物を仕入れて販売する場合に許可が必要となる。仕事場（自宅で仕事をしている場合は自宅）を管轄する警察署に出向いて申請をしよう。

事前に用意しておくものは、「住民票」「身分証明書（地区町村の役所で発行される）」「登記事項証明書（東京法務局で発行される）」、そして申請料の一万九〇〇〇円だ。

さらに申請時には、警察署に備え付けの「申請書」「誓約書」「略歴書」に記入しなければならない。このうち、略歴書には過去五年の経歴を記入することになるので、あらじめメモにまとめておこう。申請から許可が下りるまで、通常三〇日程度かかる。

自分のホームページ内で中古品販売が完結する場合（「アマゾン」の「マーケットプレイス」や「ヤフー・オークション」に出品する場合は不要）、上記の手続きとは別に、公安委員会への届出も必要となる。

上記の手続きの際に、「プロバイダ等から交付されたURLの割り当てを受けた通知書の写し等」を持参して、警察署の同じ窓口に同時に申請する。そして、警察署から許可が下りたあとで、東京都公安委員会のホームページにアクセスして登録を済ませよう。

くわしい手順は、警視庁のサイト（http://www.keishicho.metro.tokyo.jp/）内にある「古物商許可申請手続」のページを参考にしてほしい。

「販売・取り扱い」に許可・資格が必要なものがあります!

ここで、販売にあたって、あらかじめ届出や許可が必要となるものをあげてみよう。

①酒、焼酎、ワインなど(酒税法)

まず、酒、焼酎、ワインなど、酒類の販売がある。

酒類の販売は、酒税法に基づく免許制となっており、販売場所を管轄する税務署長の〝免許〟が必要だ。

しかし、新たに酒類販売の免許を取得するのはかなりむずかしい。ましてや、副業で酒の通販サイトを運営するために、免許を取るというのはまず不可能といってよい。

こう考えると、通販サイトで酒類を販売できるのは、すでに酒店を営んでいる人に限られるだろう。それ以外の人には、かなり敷居が高い。

②医薬品、医療用具(薬事法)

「医薬品」(漢方薬を含む)が販売できるのは、薬局の開設〝許可〟を受けた者、または医薬品販売業の〝許可〟を受けた者だけである。どちらにしても、許可を得るには、本人か雇用者が薬剤師の資格を持ち、しかもそのうえで厳密な調査を受けなくてはならない。

医薬品の販売には厳しい規定があり、少なくとも、通販サイトで営業するのは不可能である。

海外からの医薬品の輸入(あるいは輸入事務代行)については、個人で使用する限りにおいて認められている。しかし、第三者を相手にして販売するとなると、薬事法違反となるので注意してほしい。

また、メガネ、コンタクトレンズ、磁気ネックレス、電気マッサージ器といった「医療器具」の販売も、薬事法の規定にしたがって、都道府県知事に医療器具販売の〝届出〟をする必要がある。

③旅行チケット(旅行業法)

たんに旅行の情報をサイトやメールマガジンで提供するだけならば、許可や届出は

「取り扱い要注意の商品」とは？

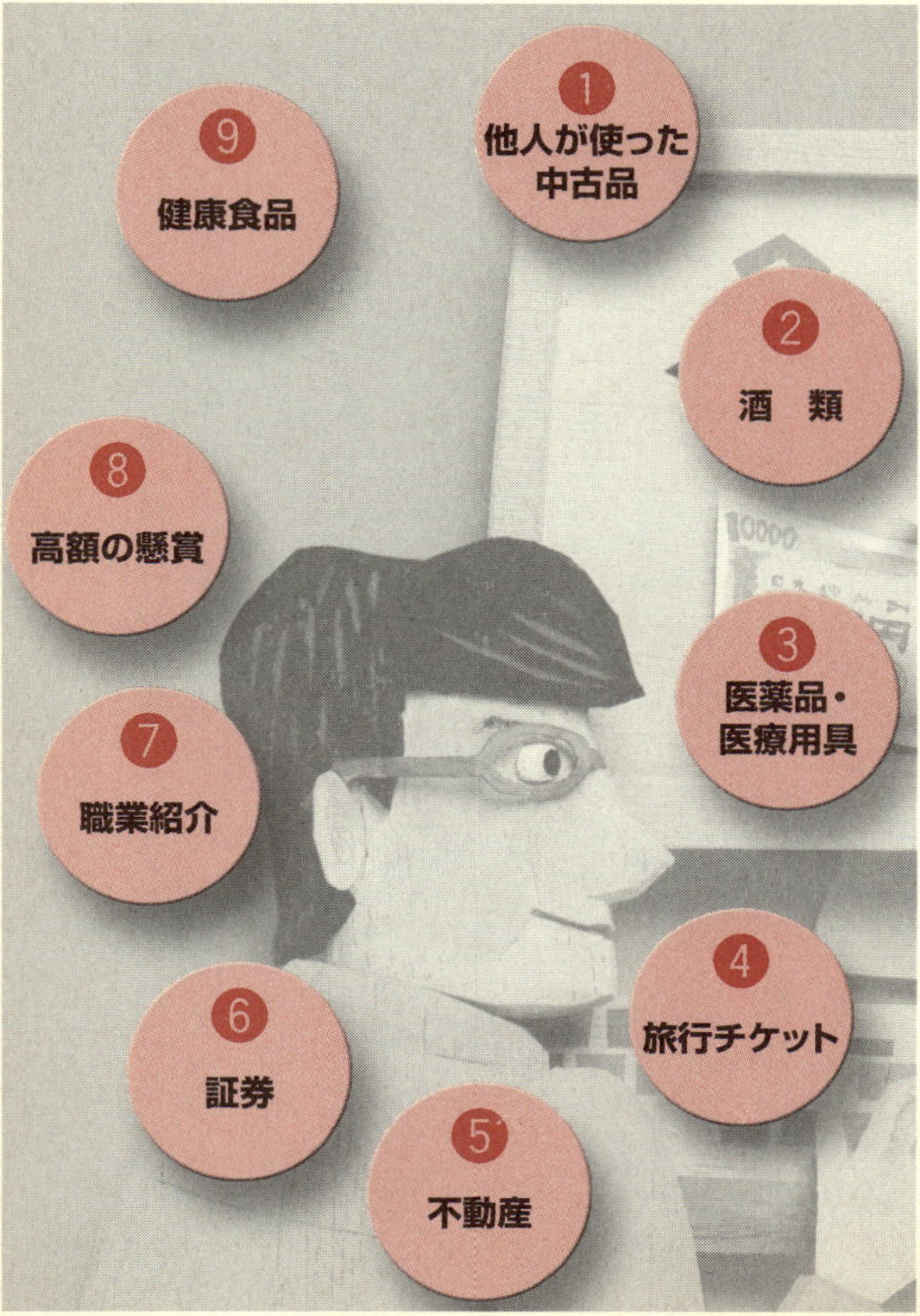

不要である。

しかし、実際に顧客を集めて旅行を主催したり、旅行の手配をしたりする場合には、旅行業法に基づいて運輸大臣（第一種旅行業の場合）、あるいは都道府県知事（第二種・第三種旅行業、旅行業者代理業の場合）に〝登録〟をしなければならない。

第一種旅行業とは、主催旅行（あらかじめ内容が決まっている旅行。海外・国内とも）、手配旅行、他の旅行業者の主催旅行を取り扱うことができるもの。

第二種旅行業とは、主催旅行（国内のみ）、手配旅行、他の旅行業者の主催旅行を取り扱うことができるもの。

第三種旅行業とは、手配旅行（顧客の求めに応じて手配した旅行）、他の旅行業者の主催旅行を取り扱うことができるもの。旅行業者代理業とは、旅行業者から受託した業務を代理して、契約を結ぶものを指す。

第一種旅行業を営むには、三〇〇〇万円（ただし、日程や宿泊サービスなど旅行計画を立てて主催する者は五六〇〇万円）、第二種なら七〇〇万円（ただし、主催旅行を実施する者は一一〇〇万円）、第三種は三〇〇万円という基準資産額が必要であり、「営業保証金」の供託も義務づけられている（会社の倒産により旅行が中止になるのを防ぐため）ので、副業サイトの範疇を超えている。

さらに、旅行業者はもちろん旅行業者代理業者であっても、公正な契約を結ぶために、国家資格である「旅行業務取扱主任者」（二〇〇五年度からは「旅行業務取扱管理者」となる）を置かなくてはならない。

④不動産仲介（宅地建物取引業法）

宅地や建物といった不動産の仲介（売買、交換、貸借の代理など）をする場合には、宅地建物取引業法の適用を受ける。

このような宅地建物取引の営業をするには、専門的な知識や営業上の資産が必要なために、宅地建物取引業の〝免許〟が必要となる。

免許を得るには、実際に事務所を設置し、国家資格である「宅地建物取引主任者」を置かなければならない。そのため、インターネットサイトのみで不動産の仲介をすることは不可能である。あくまでも、本業で不動産業を営んでいる人が、販路開拓のためにサイトを開設する場合に限られる。

⑤証券仲介（証券取引法）

証券仲介業というのは、二〇〇四年四月から導入された制度で、証券会社または登録金融機関の委託を受けて、有価証券の売買の仲立ちをしたり、有価証券の売買や、先物取引・オプション取引の媒介や、有価証券の募集もしくは売出しの取扱いをしたりするものである。顧客から金銭や有価証券の預託を受けることはできない。

証券仲介業を営むには、内閣総理大臣の〝登録〟を受ければよく、その申請書は財務局、財務事務所などに提出する。

申請の前には、委託を受ける証券会社や登録金融機関との間で、業務委託契約を結んでおくことが必要である。

この分野は以前にくらべて自由化が進んでおり、ファイナンシャルプランナー、税理士、公認会計士などの参入が想定されているようだ。

⑥職業紹介（職業安定法）

サイト上に企業の求人広告を掲載した場合でも、それぞれの求人広告に対して求職者が企業に自由に応募できる形式ならば、一般的には許可や届出の必要はない。

しかし、求人側と求職側の間に立って仲介や斡旋をする場合には、職業安定法に基づく〝許可〟が必要となる。申請窓口は、都道府県労働局である。

許可を受けるには、一定以上の資産や設備が必要となっているために、インターネットサイトのみの職業紹介事業というのは不可能と考えたほうがいい。すでに職業紹介の〝許可〟を得ている者が、サイトでも募集をするという形になる。

トラブルを防ぐために「絶対に表示しておくべきこと」

通信販売では、売り手と買い手が顔を合わせずに売買を行なうために、様々なトラブルが発生しやすい。

そこで、以前あった訪問販売法を改正してできた法律が「特定商取引に関する法律」である。これは、通信販売、訪問販売、電話勧誘販売などを含む「特定商取引」を対象にして、購入者の利益を守るための法律だ。

次にあげた項目は、どれも「特定商取引に関する法律」によって、表示を義務づけられているものである。通販サイトでは忘れずに書き込んでほしい。

①販売業者（個人で営業する場合は個人名を記す）
②運営統括責任者（個人で営業する場合は「販売業者」と同じでよい）
③住所と電話番号（携帯電話は不可）
④電子メールアドレス（インターネット通販サイトの場合には必須）
⑤商品（サービス）の価格
⑥支払いの方法と時期
（例）「代金引換」「郵便振替（前払い）」など
⑦商品の引渡時期
（例）「ご注文いただいてから二週間以内にお届けします」
⑧返品の条件と期限
（例）「商品がお気に召さない場合は、商品到着後七日以内にご返送ください。その場合の返送料はお客様負担となります」
⑨申し込みの有効期限
（例）「ご注文日から一四日以内にご入金いただけなかった場合、キャンセルとさせていただきます」

ネット通販――「こんな表現」は気をつける！

⑩商品の代金以外の付帯的費用
(例)「お買い上げ五〇〇〇円未満の場合は送料がかかります。くわしくは「送料について」をご覧ください」
⑪商品に隠れた瑕疵《かし》がある場合の販売業者の責任
(例)「不良品はお取替えいたしますのでご返送ください。この場合の返送料は当店が負担いたします」
⑫販売数量制限・販売条件
(例)「販売数は五〇個に限らせていただきます」「お一人様三セットまで」など

懸賞を実施するなら「最高額」と「総額」に注意する!

通販サイトの販売促進の一つの方法として、懸賞キャンペーンは非常に有効である。ただし、懸賞の最高額や総額については、「不当景品類及び不当表示防止法(略称・景品表示法)」によって制限されているので、キャンペーン実施の前に頭に入れておいてほしい。

ちなみに、ここでいう「懸賞」には、クイズを出題して正解者から選び出すもの、あるいは対象者に送った番号や記号を対象にしてくじ引きで賞を選ぶもの、さらには写真や画を募集してその優劣によって賞を与えるものなど、様々なものが含まれる。

入会者や購入者を対象にした懸賞では、取引価格が五〇〇〇円未満ならば、景品の最高額はその二〇倍以内。取引価格が五〇〇〇円以上（五〇〇〇円以上お買い上げの方の中から抽選する場合など）ならば、最高額は一〇万円とされている。

どちらの場合でも、懸賞の総額は、セール期間中の売上予定総額の二％以内と定められている。

4章166ページ「『潜在顧客のアドレス』は懸賞キャンペーンで手に入れる！」で紹介したような、誰でも応募できる懸賞の場合、景品の上限は一〇〇〇万円となっている。

また、購入者に対して、〝もれなく〟景品がつくキャンペーンもあるだろう。これは「総付景品」と呼ばれ、取引価格が一〇〇〇円以下では、景品の最高額は一〇〇円。取引価格が一〇〇〇円を超える場合、景品の最高額はその一〇分の一とされている。

もっとも、「総付景品」といっても、じつは値引きやアフターサービスと認められる場合がある。たとえば、「中国茶を五パック買ったら、もれなく二パックプレゼント」

というのは、同一商品の増量であり、たんなる値引きと考えられるので法律の対象外である。

一方、「中国茶を五パック買ったら、和菓子をもれなくプレゼント」となると、「総付景品」の規制の対象となる。

こんな「誇大表現」「不当表示」はやめましょう

取り扱う商品のよさを伝えようとするあまり、誇大表現になったり、誤解を生じやすい表示になったりすることは避けなくてはならない。そのような表示は、前項と同じく「不当景品類及び不当表示防止法」によって禁止されている。

とくに、次のような表現には注意してほしい。

①品質や原材料を偽った表示

中国製であるにもかかわらず「国産」と表示したり、天然成分が八〇%なのに「一〇〇%天然成分」と表示したもの。なお、「天然成分」というのは、人の手が関わっていないもの（自然のままの植物など）を指すものであり、（畑で収穫した）野菜から抽出した成分は「天然成分」にはあてはまらないので注意してほしい。

②品質や効果について誤解を生みやすい表現

何の根拠もないのに、「最高の品質」「世界で認められた」「学問的に優れた」といったような言葉を含めて、優良な製品とだと思わせてしまう表現。論文から都合のいい部分だけを引用したり、体験談を捏造したりするのもいけない。

③「おとり広告」ととられる表現

「限定二〇〇セットのみ販売！」と書かれているのに、実際には一〇〇セットしか用意されていなかった場合。あるいは、二〇〇セットを完売したとたんに、同じ商品がさらに二〇〇セット追加されたような場合である。買い手の購買欲をあおって、不当な表示をしたと解釈されるので避けるべきである。

④根拠もなく「二重価格」を示している場合

「通常価格三〇〇〇円のところ、特別価格二五〇〇円！」というように、割安感を出すために二重価格を表示する場合がある。この場合、もとの価格で実際に販売された実績がないときは、不当表示とされることがあるので注意が必要だ。

たとえ販売実績があったとしても、販売期間がごく短かったり、販売場所が一般的ではなかったりしたときも、不当表示とされかねない。

店舗名・商品名……「商標登録」を確認・申請しよう

通販サイトを開業すると、まず考えるのは、店舗名、ブランド名、商品名、ロゴといったものだろう。

このとき、すでに登録されている商標と同じもの、あるいは類似のものを使ってしまうと、商標権の侵害として訴えられるおそれがあるので注意してほしい。

そこで、自分の考えた店舗名やブランド名などが、すでに商標として登録されていないかどうか、前もって調べることをお勧めする。登録されている商標は、特許庁のサイト（http://www.jpo.go.jp/indexj.htm）内にある「特許電子図書館」で調べることが可能だ。

また、たとえ商標権が登録されていなくても、有名店の名前やブランド名と同じもの（あるいはまぎらわしいもの）を使うことは、「不正競争防止法」によって禁止されている。とくに、似たようなジャンルの商品を扱う有名店とは、まぎらわしい名前をつけないようにするべきだ。

一方、自分で使う店舗名やブランド名も、できれば商標登録の出願をしておくといい。そうすれば、あなたのサイトが有名になった場合に、ほかの人がそれを真似できなくなるからだ。商標の権利の有効期間は一〇年間となっているが、何度でも更新することが可能なので、半永久的に使うことができる。

出願方法や料金については、前記の特許庁のホームページを参考にしてほしい。

たとえば「お客様が誤操作で間違って購入を依頼した」場合は？

ネット通販に限らず、購入者の権利は、「消費者契約法」で守られている。

たとえば、売り手がウソをついて商品を売れば、当然のことながら、売買契約は取り消しになる。それだけでなく、購入者にとって不利益なことがらを告げずに売った場合も、やはり売買契約は取り消される。

そのため、中古品をネットで販売するときに、キズや変色など、売る側にとって不利と思われる点も、はっきりと示さなくてはならない。これは、本書で述べたように、売り手の信頼を高めることであると同時に、法律にものっとったことなのである。

また、ネット通販で、売買契約の成立はいつの時点であるかご存じだろうか。通常は問題にならないだろうが、何かトラブルが発生したときのために、覚えておくといいだろう。

「電子消費者契約法」によると、それは注文を受けた時点ではなく、サンクスメールなどが購入者に「到達」した時点とされている。この「到達」というのは、購入者がメールを読んだ時点ではないことに注意してほしい。そうではなくて、購入者のメールボックスに、読み取り可能な状態でメールが保管された時点である。

もう一点、これはしばしば問題になるのだが、誤操作（たとえばホームページで間違えた部分をクリックした）によって、〝購入者〟が品物を買うことになってしまった場合である。この場合、「電子消費者契約法」では、消費者保護の立場に立って、〝購入者〟から契約の無効を主張できることになっている。

このような条項は、無料サービスに見せかけて、あとで金を請求するような詐欺的なサイトを防止するために設けられたものである。

そのため、サイト作成者としては、購入内容を最終確認する手順を必ず用意しておかなくてはならない。

健康食品・化粧品「使ってはいけない表現」があります！

健康食品はネット通販で売りやすく、仕入れもしやすいので、個人事業に向いた商材といえる。

しかし、健康食品の販売は「薬事法」によって厳しく制限されている。とくに、海外から健康食品を仕入れて、通販サイトで販売する場合には、その商品が日本の「薬事法」に抵触しないかどうか、十分に吟味する必要がある。

というのも、海外では医薬品の扱いでない商品が、日本では医薬品に該当する場合があるからだ。

日本では、医薬品については、「薬事法」によって販売、広告とも厳しい制限があり、許可や承認を得ずに販売することはできない。

それに付随して、健康食品も厳しく規制されているので注意していただきたい。

まず、たとえ健康食品であっても、日本で医薬品として使用されている成分が含まれていれば、無許可では販売できない。また、「糖尿病や高血圧に効く」「疲労回復に効果あり」「自然治癒力を高める」といった効能を書くことも、医薬品以外には許されていない。

さらに、「一日三回食後に服用」「一日に二〇〇グラムを飲んでください」といったように、用法用量が医薬品と同じ表現となっているのもいけない（一般的に、健康食品の場合には「目安量は一日五カプセル」というように、「目安量」という表現が使われている）。

さらに、使ってはいけない表現として、次のような例がある。

「一時的に下痢やめまいなどの症状が出ますが、これは体がよくなろうとしている好転反応です」といった表現は、体の不調に対して、適切な治療をする機会を逃す恐れがあるので厳しく禁止されている。

「二週間以上服用しないと効果がありません」「効き目はすぐに現れませんが、少なくとも一カ月は続けてください」というのは、医薬品にしか許されていない表現。「脂肪を燃焼させて、一カ月に五キロやせられる」「中国四〇〇〇年の歴史が生んだ究極の健康食」といったような表現も、「薬事法」のみならず、256ページの「不当景品類及び不当表示防止法」にも違反する可能性があるので注意してほしい。

厚生労働省によれば、広告表現で問題があるかどうか判断できない場合は、近くの保健所や所轄の役所（県庁）担当部署に相談してほしいとのことである。

「お客様の個人情報」はディスク内に保存しない！

通販サイトを運営していると、数多くの人の個人情報（住所、氏名、電話番号、メールアドレス、銀行口座番号など）が集まってくる。こういった情報の取り扱いには、細心の注意を払ってほしい。

たとえば、インターネット上からアクセスできるファイルに、個人情報を保存するのは厳禁である。たとえ、どこからもリンクされていなくても、探し当てられる危険は十分にある。共有フォルダ内に保存しておくのも極めて危険である。何かの拍子に、他人のパソコンからアクセスできてしまうかもしれない。

さて、「個人情報の保護に関する法律」によれば、本人の同意を得ずに個人情報を第三者に提供することは、原則として禁じられている（税務調査のような国への協力、法令に基づく届出などの場合を除く）。

本人の同意を得て提供する場合でも、「提供される情報の種類」「提供される手段」を伝える必要があり、さらに本人の求めに応じていつでも提供を停止できなくてはならない。

ただし、顧客管理を別会社に委託している場合や、特定のグループによる共同利用の場合（あらかじめ利用範囲や目的を明確にする必要がある）、会社が合併したような場合は、〝第三者〟にあたらないとされ、個人情報を利用することができる。

本書は、本文庫のために書き下ろされたものです。

水野基義（みずの・もとよし）
一九七二年愛知県生まれ。慶應義塾大学文学部卒業後、大手アミューズメントソフト企業、セガに入社。経営改革のプロジェクトチームで活躍したあと、九九年に独立。現在は、ITコンサルタント、事業インキュベーターとして、大手企業から個人事業まで数々のIT事業やホームページ立ち上げに関わる。
また、自らもインターネットの人気ショップ「中国茶専門店Pand@Leaf」を立ち上げ、年商一億円弱の実績を持つ。著書に『インターネット「得する」活用法』（知的生きかた文庫・共著）がある。

知的生きかた文庫

インターネットで儲《もう》ける週末副業術《しゅうまつふくぎょうじゅつ》

著　者　水野《みずの》基義《もとよし》
発行者　押鐘冨士雄
発行所　株式会社三笠書房
郵便番号一一二-〇〇〇四
東京都文京区後楽一-四-一四
電話〇三-三八一四-一一六一〈営業部〉
〇三-三八一四-一一八一〈編集部〉
振替〇〇一三〇-八-二二〇九六
http://www.mikasashobo.co.jp
印刷　誠宏印刷
製本　宮田製本

ISBN4-8379-7426-0 C0155
落丁・乱丁本は当社にてお取替えいたします。
定価・発行日はカバーに表示してあります。

「知的生きかた文庫」の刊行にあたって

「人生、いかに生きるか」は、われわれにとって永遠の命題である。自分を大切にし、人間らしく生きよう、生きがいのある一生をおくろうとする者が、必ず心をくだく問題である。

小社はこれまで、古今東西の人生哲学の名著を数多く発掘、出版し、幸いにして好評を博してきた。創立以来五十余年の星霜を重ねることができたのも、一に読者の私どもへの厚い支援のたまものである。

このような無量の声援に対し、いよいよ出版人としての責務と使命を痛感し、さらに多くの読者の要望と期待にこたえられるよう、ここに「知的生きかた文庫」の発刊を決意するに至った。

わが国は自由主義国第二位の大国となり、経済の繁栄を謳歌する一方で、生活・文化は安易に流れる風潮にある。いま、個人の生きかた、生きかたの質が鋭く問われ、また真の生涯教育が大きく叫ばれるゆえんである。そしてまさに、良識ある読者に励まされて生まれた「知的生きかた文庫」こそ、この時代の要求を全うできるものと自負する。

本文庫は、読者の教養・知的成長に資するとともに、ビジネスや日常生活の現場で自己実現できるよう、手助けするものである。そして、そのためのゆたかな情報と資料を提供し、読者とともに考え、現在から未来を生きる勇気・自信を培おうとするものである。また、日々の暮らしに添える一服の清涼剤として、読書本来の楽しみを充分に味わっていただけるものも用意した。

良心的な企画・編集を第一に、本文庫を読者とともにあたたかく、また厳しく育ててゆきたいと思う。そして、これからを真剣に生きる人々の心の殿堂として発展、大成することを期したい。

一九八四年十月一日

刊行者　押鐘冨士雄

知的生きかた文庫

パソコン仕事術

簡単にできる

「エクセル」「ワード」「パワーポイント」驚きテクニック

富士通ラーニングメディア

「本書1冊」で全部できます！

■「ソフトウェア」の裏ワザを全部知りたい！
■「文書」「図表」を短時間で完成させたい！
■効果的な図解で「説得力ある資料」を作りたい！
■「斬新なアイデア」を矢継ぎ早に提案したい！
■「パソコン上の単調作業」を短時間で終えたい！
■削除、保存……「うっかりミス」をゼロにしたい！
■検索、複写……「ムダのない操作」を覚えたい！
■「思いつき・ひらめき」を画面上で形にしたい！

……etc.

「スピード力」「アピール力」「アイデア力」――「2時間」で高める法

●「エクセル」「ワード」「パワーポイント」――仕事に即使える、操作のコツ、ワザをすべて紹介！
●「初心者」から「中級者」まで――誰でもすぐ使えるよう「基本」から「応用」までを簡単解説！
●どんなときに、どう使えばいい？実際の状況に合わせて、画面操作をすべて再現！

知的生きかた文庫

「100%の結果」が出る!

パソコン情報整理術

富士通ラーニングメディア

「集める」コツ、
「スピードを上げる」コツ

あなたの「……したい」に、本書は全部応えます!

■説得力ある「報告書・資料」を作成したい
■「トラブル」で時間をムダにしたくない
■「小さなアイデア」を大きくふくらませたい
■「早く」「正確に」仕事を処理したい
■「今、必要な情報」をすぐに入手したい
■「スケジュール」を効率よく管理したい
■「手元にある情報」をスッキリ整理したい
■「電子メール」をもっと生産的に使いたい

…… etc.

仕事・生活の「必要情報」満載!

●パソコンで書類をつくる「基本ルール」とは?
●仕事情報は「二つのフォルダ」に分類せよ
●「時系列」で分類したほうがいい書類がある!
●「捨てるファイル」をつくってみよう!
●検索サイト――「厳選」「多選」を使い分けよ